Carl Bleibtreu

St. Privat
Die Schlacht vom 18. August 1870 - Band 7

Europäischer Geschichtsverlag

Carl Bleibtreu

St. Privat
Die Schlacht vom 18. August 1870 - Band 7

1. Auflage | ISBN: 978-3-73400-133-8

Erscheinungsort: Paderborn, Deutschland

Erscheinungsjahr: 2015

Europäischer Geschichtsverlag ist ein Imprint der Salzwasser Verlag GmbH, Paderborn.

Nachdruck des Originals.

St. Privat

Von

Carl Bleibtreu

Illustriert von Chr. Speyer

Stuttgart

Carl Krabbe Verlag

Erich Gussmann

Druck von Carl Hammer, Kgl. Hofbuchdruckerei in Stuttgart.

„Unteroffizier Harnisch, Sie sollen zum Lohn neben mir reiten!" winkte Rittmeister Graf Wartensleben von den Garde-husaren dem zurückgekehrten Leiter einer Patrouille zu. „Sie haben meine Mahnung: ‚Augen und Ohren offen!' gut beherzigt und eine sehr wichtige Meldung gebracht!" Nämlich daß Dorf St. Marie-zu-den-Eichen von den Franzosen stark besetzt sei.

Gardekorps rückte in breiten Fronten von Doncourt auf St. Ail, Batilly, Habonville vor. Westlicher links davon sah man die Marsch-säulen der Sachsen, deren hellblaue Reiter auf der Straße nach Etain schweiften, um den Verbleib der gestern mittags dem Ge-sichtskreis entschwundenen Rheinarmee festzustellen. „Kein Feind zu bemerken!" lautete ihre Meldung. Sollte der Feind schon auf der Nordstraße nach Briey-Montmedy abgerückt sein, da er die mittlere Weststraße Doncourt-Etain offenbar unbenutzt ließ? Trat er in voriger Nacht den Abzug ins Ornethal an, um an der Maas dem Marschall Mac Mahon, dessen neugebildetes Heer man bei Chalons wußte, die Hand zu bieten, konnte sein Vorsprung schwerlich mehr eingeholt werden, sintemal ein Rückzug erfahrungsgemäß immer schneller vor sich geht als ein Vormarsch, der sich stets einer Überraschung gewärtig halten muß.

„Es gilt, den Feind völlig von Verdun abzudrängen und an die belgische Grenze zu drücken," phantasierten die Gardeoffiziere beim Rendezvous in Doncourt. Wollten sie durch die Luft fliegen? Einige verstiegen sich gar zu der Behauptung: „Unser großer Moltke — Se. Majestät wollen Bazaine nach Metz hinein= werfen."

In Wahrheit befanden sich die deutschen Führer in lähmender Unklarheit und Ungewißheit. Das westfälische Korps stellte die Anwesenheit einer starken Nachhut in Rozerieulles fest, das rheinische stellte sich daneben bereit, sonst aber sah nur Generalstäbler Graf Häseler ein Kavallerielager bei Verneville ein. So gab denn Prinz Friedrich Karl morgens den Heerbefehl aus: „Der Feind ist an= geblich gestern abend im Abmarsch auf Conflans gewesen. Auch die gestern im Biwak bei Gravelotte beobachteten Divisionen werden voraussichtlich abmarschiert sein." Noch vor zehn Uhr vormittags gab Moltke die Direktive aus: „Die auf der Höhe sichtbaren Truppen scheinen sich nördlich, also wohl gegen Briey zu bewegen."

Eine halbe Stunde später hieß es, „nach Beobachtungen des Majors v. Holleben vom Großen Generalstab über starke Besetzung des Bois des Genivaux — zwischen Amanvillers und der östlichen Höhenfront Moscou=Point du Jour —, daß die Garde über Aman= villers umgehen solle, oder falls der Feind abmarschiert, ihn bei St. Marie erreichen." Vor Mittag aber meldete der hessische Leutnant Scholl, daß weit über Amanvillers hinaus auch St. Privat besetzt sei. Gegen ein Uhr lief Meldung der Gardehusaren ein, auch St. Marie halte der Feind. Um diese Zeit ward aber schon die holsteinische Division des Korps Manstein mit dem Feinde handgemein, eine starke Front anrennend, wo man eine Flanke fassen wollte: bei Amanvillers. Von der Höhe von Verneville das feindliche Lager überschauend, das sich sorgloser Siesta hinzu= geben schien, eröffnete Manstein mit neun Batterien das Feuer.

General Ladmirault empfing jedoch schon vorher Kunde vom deutschen Anmarsch. Blitzschnell standen seine Geschütze angeschirrt, sein Fußvolk schwärmte aus.

Die später vollständige Schlachtordnung Ladmiraults wies die Eigen-
tümlichkeit auf, daß seine Brigade Pradier und die weit davon getrennte
Brigade Clinchant des Nachbarkorps Leboeuf leicht nach Südwesten auf
der Linie Chantrenne-Peupliers sich umbogen und dauernd jede deutsche
Offensive von Süden her unterbanden, während sie selber nicht flankiert
werden konnten. Die 2. Brigade Montaudons und das 33. ligne bei
Montigny sind auf der langen Strecke Montigny-La Folie überhaupt nicht
angegriffen worden.

Die Korpsartillerie schirrte schleunig an und füllte den Raum in
der Mitte zwischen Montigny und Feldweg nach Verneville vor der Front
der Brigade Bellecourt. Die 5. Chasseurs besetzten einen Hohlweg südlich
des Bahndamms, wo ein kurzer Feldweg von Amanvillers in einen andern
hineinmündet, der von Norden her übers Wärterhaus die Bahn durchschnitt und in den Weg nach Verneville endet. I III 13 postierten sich
zu beiden Seiten letzteren Weges, II 13 dahinter am Westeingang von
Amanvillers, das 43. südlich davon. Brigade Pradier gruppierte sich
südwestlich von Montigny, I 64 und I 98 an eine Pappelhöhe vorgeschoben. Zwei Batterien fuhren am Hohlweg auf, die Mitrailleusen St.
Germain westlich von Montigny. Etwas später entwickelte sich auch
Division Lorencez. I 15 blieb beim Steinbruch von Amanvillers zurück,
II III 15 und eine Batterie an der Chatel-Schlucht, das 33. führte Oberstleutnant Derroja nach Montigny, das 54. ging nordwestlich vom Dorfe,
das 65. südöstlich vor. Zwei Batterien schlossen sich, mit den 2. Chasseurs
vorauseilend, Grenier an, und nahmen letztere den Platz der 5. Chasseurs
ein, die mehr nach rechts bis zum Bahnwärterhaus sich ausdehnten. Gegen
ein Uhr rief Graf Lorencez die beiden Bataillone des 15. zu sich und
reihte sie zwischen dem 33. und 65. ein, die dazu gehörige Batterie aber
fuhr über die Bahn und hing sich links an Cisseys drei Batterien nördlich der Bahn an. Letztere Division blieb vorerst ganz außerm Gefechts-
bereich, nur ihre 20. Chasseurs griffen am Bahndamm mit in die Schlacht
südlich der Bahn ein, auch richteten ihre Tirailleure fortdauernd ein
scharfes Feuer gegen die am Cussewald und Habonville postierten deutschen
Geschützmassen. Im allgemeinen blieb Cissey durchaus vom übrigen Korps
getrennt und bestand gesondert sein Abendgefecht neben Brigade Gibon
(Levassor) des Marschalls Canrobert.

Zwei Kompagnien vom 64. und die Mitrailleusenbatterie St. Germain im Beginn, später 2. Chasseurs und 13. ligne wurden dem linken
Flügel der so unvorsichtig eingesetzten holsteinischen Artillerie verderblich.

Weiter südlich bei La Folie stand Division Montaudon Leboeufs ent-
wickelt mit sechs Batterien, die Linke ans Charmoiseholz gelehnt und I 95

bis zum Vorwerk Chantrenne, westlich von diesem Waldstück, vorgeschoben. II III 81 bewachten den Westsaum der Waldschlucht. Brigade Clinchant füllte später den Raum zwischen Chantrenne und dem Höfchen L'Envie, wo sie nur einen Wachtposten hatte. Die andere Brigade bedeckte die zwischen Peupliers und L'Envie vorgezogenen sechs Batterien, deren Rechte — zwei reitende — neben den beiden reitenden der Korpsartillerie Ladmiraults Front nach Nordwest und deren Linke — Mitrailleusen — Front nach Südwest hatte, also einen stumpfen Hakenwinkel zu Ladmiraults Artilleriefront bildete.

Mit zwei Bataillonen der Magdeburger Sechsunddreißiger und den Lauenburger Jägern griff der Avantgardenkommandeur des Mansteinschen Heerteils, Generalmajor v. Blumenthal, alsbald die Ferme Chantrenne an, welche der Gegner ohne Widerstand räumte und sodann die Waldschlucht am Bois des Genivaux. Hier fand er jedoch General Clinchant so zum Empfang gerüstet, daß er bald den Kürzeren zog. Die neun holsteinischen Batterien, die zunächst zur Stelle waren, vermochten im harten Boden keinen Einschnitt herzustellen, während die überhöhenden Geschützreihen Ladmiraults teilweise hinter Mauerdeckungen standen. Außerdem faßten Canroberts Batterien bei St. Privat und diejenigen Cisseys am Bahndamm den linken Flügel der Holsteiner Artillerie mit schrägem Schusse im Rücken. Dennoch behauptete sich die linke reitende Flügelbatterie König, während die schwere Werner dort rückwärts einschwenkte. Wo der Bahndamm den nordöstlichen Teil des Bois de la Cusse durchschneidet, nisteten sich die Füsiliere der Holsteiner Vierundachtziger, im östlichen Waldstück deren erstes Bataillon ein.

Batterie Werner erhielt jetzt ein Mitrailleusenfeuer aus der Flanke, das fünf Geschützführer, vierzig Mann, der Chef und die Offiziere außer Gefecht setzte. Alles das Werk weniger Minuten. Nur zwei Geschütze retteten sich mit knapper Not, als schon Chasseurs und Leute vom 13. ligne die Batterie überschwemmten. Hier that Gegenstoß not.

Die Vierundachtziger stürzten sich aus der Waldecke über die von Massenfeuer bestrichene freie Ebene. Links vorwärts der linken Flügelbatterie suchten sie die feindlichen Tirailleurhaufen, die immer rücksichtsloser andrängten, abzuwehren. Die erste Kompagnie verlor sehr bald ihren Führer, Hauptmann v. Koschembahr, an dessen Seite sein treuer Feldwebel Hielscher sein Leben aushauchte, den Leutnant Störzel, beide Vizefeldwebel und die Hälfte der Mannschaft. Leutnant v. Wickede führte die Reste an die Waldecke zurück.

„Vierte und siebente Kompagnie an die Lichtung vor!" Kaum rief's der Regimentsadjutant Materne als Befehlsüberbringer, als ein Granatsplitter ihn tot vom Pferde riß. Obschon vom Feinde nichts zu sehen war, brachen alsbald ein Leutnant und ein Portepeefähnrich zusammen. Bei weiterem Vorgehen des Füsilierbataillons stellten sich schwerste Verluste ein; auch zwei Kompagnien Sechsunddreißiger verschossen sich, umsonst die Taschen und Tornister der Gefallenen zu Hilfe nehmend. Da fuhren die Sergeanten Kretschner und Exner mit den Patronenwagen der Bataillone bis dicht hinter die Schützenlinie und abgesessene Trainfahrer verteilten frische Munition. Am linken Flügel der Artillerie gestaltete sich aber die Lage immer drohender, obschon nach und nach alle anwesenden Kompagnien Sechsunddreißiger und Vierundachtziger zur Bedeckung herangingen.

Oberst Lion brach mit dem 13. ligne energisch vor, das hier, wie einst sein Grenadier Alorge bei Wagram wenigstens eine von fünf eroberten Fahnen davontrug, ein paar Geschütze der eroberten Batterie als Trophäe heimführen wollte. Nur zweiundfünfzig Mann kostete ihn dieser Erfolg.

„Herr Major, Sie müssen durchaus hier vorstoßen, mein linker Flügel ist in hohem Grade gefährdet," unterrichtete General v. Puttkamer, der Artilleriechef, persönlich dem Major v. Wolff v. Gobdenthow, der das Füsilierbataillon Fünfundachtziger von Verneville geschlossen an den Südrand des Cussewaldes vorführte.

„Zu Befehl, soll sogleich geschehen!" Tornister abgeworfen, im Geschwindschritt auf den verlorenen Posten, ohne Besinnen stürzten die Kompagnieen Lengerke und Fischer auf den Feind durch die Mulde am Ostrand des Holzes. Umsonst prasselte das mörderische Chassepotfeuer, das kaltblütig gezielte Schnellfeuer der Holsteiner trieb die Franzosen in wilder Flucht zurück. „Vorwärts, Füsiliere!"

Zu Pferde allen vorauf sprengte der brave Major in den Feind, als er entseelt in die Arme seines gleich braven Adjutanten Voeltz herabfiel, der zu Fuß, weil sein Pferd erschossen, und am Arm

verwundet neben seinem Kommandeur herlief. Der Tod Gobden=
thows war ein Unglückssignal für seine unglückliche Truppe, die
sich schon auf zweihundert Schritt dem Feinde näherte. Dieser
aber, in eine Wegvertiefung ausgewichen, machte plötzlich Front
und ergoß ein wahrhaft entsetzliches Feuer. Das 98. ligne und
die vielbewährten Mitrailleusen St. Germains trieben hier das
grausame Spiel. In weniger als zwanzig Minuten seit Beginn
seines Angriffs hörte das holsteinische Bataillon auf zu existieren,
durch Verlust fast sämtlicher Führer und Unteroffiziere kampfunfähig
geworden. Die Hauptleute Lengerke und Fischer blieben auf der
Stelle, mit ihnen die Kompagniechefs Leutnant Nitschmann und
Le Sage de Fontenay, dessen französische Abkunft ihn nicht vor
französischer Kugel bewahrte. Acht Unteroffiziere und über hundert
Mann waren auf dem Flecke tot, fast vierhundert bluteten. Premier=
leutnant Frölich, Pferd erschossen, Uniform fünfmal durchlöchert,
deckte mit seiner Kompagnie den Rückzug hinter einen Wall in ein
Erdloch, wo Leutnant Deetz die Trümmer sammelte. Gewehr in
Hand blieben die tapfern Füsiliere dort liegen und griffen immer
noch durch lebhaftes Feuer in die Aktion ein. Kompagnie Len=
gerke, nachdem Feldwebel Mallmann fiel, von Sergeant Claßen
geführt, verschoß ihre letzte Patrone. Es ging auf drei Uhr.

Hornist Muret und Chasseur Hamoniaux im Verein mit Ar=
tillerieleutnant Palle und Fahrern Koehl und Valentin vom achten
Artillerieregiment brachten zwei Geschütze der Batterie Werner als
Trophäen heim, teils sich selbst anspannend, teils mit einem
Protzgespann.

Zwei Kompagnien Magdeburgern unter Major Götting gelang
es zwar, schon frühe den kaum besetzten Pachthof L'Envie kampflos
wegzunehmen. Jedes Vorgehen darüber hinaus scheiterte jedoch
und die Artillerie litt immer schwerer. Oberst von Jagemann und
Major v. Gayl sanken bei ihren Batterien schwergetroffen nieder.

Oberstleutnant Darapsky übernahm das Kommando, nur um
blutend niederzustürzen. Gayl erlag seiner Wunde, ebenso trugen alle
Adjutanten der kommandierenden Artillerieführer Wunden davon.

Vom Pachthof Champenois unterhielt der Feind ein verheerendes
Flankenfeuer — einige schwache Teile vom 98. ligne nisteten sich
dort ein — seine Geschütze arbeiteten mit fieberhaftem Fleiß. Dem

betäubenden Knall platzender Granaten paarte sich das unheimliche Rasseln der Mitrailleusen.

Auf dem Höhenrücken nördlich des Cusseholzes marschierten zwar die Hessen-Darmstädter auf, deren Artillerie gleichfalls arg litt, kaum daß sie auffuhr. Ein Regiment, das vierte, verstärkte die Bedeckung der Artillerie, seinen Kommandeur Zwenger erreichte schon in der Reservestellung die Todeskugel. Das Fernfeuer des 73. ligne Cisseys über den Bahndamm her hielt schon allein alle am Wald aufgehäuften Truppen im Schach. Erst als das kühne Vorbrechen des Bataillons Gobbenthow den lästigen Andrang des Feindes stocken machte, ergab sich die Möglichkeit, die nicht mehr gefechtsfähigen Batterieen hinter das Holz zurückzuziehen. Nur drei davon am rechten Flügel blieben unter Hauptmann v. Cynatten auf der Höhe, denen sich noch eine hessische reitende Batterie anschloß. Bald darauf setzten sich die fünf hessischen Fußbatterieen zu beiden Seiten des Bahndammes fest, Front nach Nordosten. Weiter südlich vermochte man den Pachthof Champenois nicht zu bewältigen, während um drei Uhr das erste Bataillon Fünfundachtziger unter Oberstleutnant Köppen den Ostteil des Waldstücks von Chantrenne aus zu erobern suchte. Auch hier fielen die beiden Kompagnieführer Schuster und Faust an der Spitze der Stürmer. Doch auch die Anstrengung des rechts sich anschließenden zweiten Bataillons blieb fruchtlos. Oberst v. Brandenstein, der unermüdliche Kommandeur der Magdeburger, fiel. Dagegen schossen die Geschütze Cynattens

den Pachthof Champenois in Brand und das Bataillon Graeff
des zweiten hessischen Regiments setzte sich um halbfünf Uhr in
den brennenden Baulichkeiten fest. Vergeblich aber blieb lange das
vereinte Bemühen des dritten Regiments und des zweiten, sowie
des ersten Jägerbataillons, das sich vor der Artilleriehöhe nieder=
legte, nach vorwärts Raum zu gewinnen. Endlich gelang es den
letzteren, eine Erhöhung südwestlich Amanvillers zu ersteigen und
so den Südoststrand des Waldes zu decken. Die Feuerlinien der
Franzosen erwiesen sich auch dann noch undurchbrechbar, als die Corps=
artillerie der Brandenburger östlich der Friedhofhöhe von Verne=
ville, von wo man das 98. ligne an der Pappelhöhe in der Flanke
kanonieren konnte, zur Unterstützung eintraf. Der Kommandeur
der reitenden Abteilung, Major Lentz, wurde sogleich verwundet.

Eynattens Gruppe inbegriffen, sammelten sich am Bois de la
Cusse achtundfünfzig Geschütze, zu welchen um halbfünf Uhr auch elf
Stück der vorher abgefahrenen holsteinischen wieder hinzutraten,
nachdem sie ihre Kampffähigkeit wiederhergestellt. Die deutschen
Geschützmassen verstärkten sich allmählich so — auf hundertsechs
Stück, wozu nördlich zweiundsiebzig der Garde hinzutraten —, daß
die ganze Artillerie Ladmiraults, zuerst der Division Cissey, dann
Greniers, zu guterletzt auch alle übrigen, das Gefechtsfeld ver=
lassen mußte. General Véron genannt Bellecourt ward leicht,
Oberstleutnant Verdeil vom 43. tötlich verwundet, beim 13. Oberst
Lion nebst sechzehn andern Offizieren außer Gefecht gesetzt, das
Regiment verlor am heutigen Tage vierhundert Mann.

Ein allmähliches Verstummen des Gewehrfeuers folgte nach
vier Uhr, das erst eine Stunde später wieder zu voller Stärke auf=
flammte. Erst um diese Zeit rückte die zweite Brigade Lorencez',
54. und 65. ligne, ins erste Treffen und schob sich II III 15. nun=
mehr zwischen beiden ein, bis zur Feuerstellung der 2. Chasseurs
vor. Das 65. setzte sich neben das 64. Pradiers, das seine beiden
Reservebataillone erst jetzt von Montigny hervorholte, an Stelle
der Brigade Bellecourt, welche Ladmirault, um eine Reserve aus=
zuscheiden, ostwärts aus dem Feuer zog. — Dieser Ruhmestag der
holsteinischen Artillerie kostete ihr geradezu ungeheure Verluste.
Fast alle Pferde gingen verloren, so daß viele Stücke durch Men=
schenhände fortgezogen werden mußten. Eine Batterie behielt nur

ein Pferd, die reitende König verlor hundertzwei. Zwei Drittel der Offiziere und Unteroffiziere lagen in ihrem Blute, der Bestand der Batteriekörper lockerte sich völlig. Fünfhundert armen Gäulen konnte man hier ein einziges Riesengrab schaufeln. Ein Fahr= kanonier hatte zwölf unter ihm erschossene Pferde immer wieder ersetzt, und als er sich keinen Ersatz mehr beschaffen konnte, diente er als Fußkanonier. „Sie sollen die Belohnung für den Tapfersten in der Armee erhalten," ward ihm versprochen und erfüllt.

Fünfzig Schritt rechts von der Waldecke endete ein tiefer Bahn= einschnitt, auf beiden Seiten von kaum bemerkbarem Drahtzaun eingefaßt. Hier stellte General v. Wittich drei hessische Bataillone auf, um von dort den fünfzehn Fuß hohen Damm zu stürmen, auf welchem die Eisenbahn bis Amanvillers übergeht.

Lange lag man unter Längsbestreichung des feindlichen Feuers, dessen Pulverdampf die roten Dächer von Amanvillers immer dichter umflorte. Endlich brach man unterm überbrückten Eingang des Bahneinschnittes vor, den Damm quer überschreitend bis an ein kleines Gehölz. Zugweise im Laufschritt ward die über= aus gefährliche Stelle passiert, obschon Mitrailleusengeschosse die steile Böschung fegten. Als aber die Hälfte unter Oberst Kraus bereits sich jenseits befand, erhielt General Wittich Befehl, den Übergang einzustellen, verblieb also mit der andern Hälfte diesseits.

Diese Teilung konnte unmöglich ersprießlich sein, der komman= dierende General v. Manstein ging dabei von der Überzeugung aus, daß man unter allen Umständen das Eingreifen des Garde= korps abwarten müsse. Erst als die Gardebrigade Knappe sich zum Vorgehen anschickte, führte Wittich seine Bataillone sämtlich hin= über, wo mittlerweile Oberst Kraus sich mit den zweiten hessischen Jägern verband und mit den 20. Chasseurs nordwestlich von Amanvillers und den 2. am Hohlweg herumschoß und sich nicht ver= drängen ließ. Die hessische Artillerie unterstützte hierbei ausgezeichnet, heut hundertfünfzehn Schuß pro Geschütz verfeuernd. Es wurde darüber sechs Uhr, als die Hessen zum Sturm antraten und anfangs den Rand des Höhenrückens sowie das Wärterhäuschen am Bahndamm eroberten, sieben Uhr, als sie, größtenteils über den Damm zurück= getrieben, von allem weiteren Vorgehen abstanden. Das 73. zu= erst und dann das 6. vom Norden, 2. 20. Chasseurs und Teile des 54. von Nordwesten unterhielten ein überlegenes Feuer. Das erste und zweite hessische Regiment trugen hier ihren Teil an All= deutschlands Opfern redlich ab.

Umsonst schwangen sich auch die erschöpften Vierundachtziger zu nochmaligem Vorstoß auf. I 64 I 98, unterstützt durch III 33, hielten die Pappelhöhe fest. Beim 64. wurden ein Bataillonschef und drei Kapitains getötet, Oberst Lachesne vom 98. kontusioniert. Doch es blieb alles beim Alten. Major v. Reibnitz ward ver= wundet, ebenso Major Minckwitz der Jäger, schon vorher General Blumenthal selber, sein Adjutant Horn fiel. Auch die Überschüttung des Pachthofs La Folie und des östlichen Waldstücks mit Granat= salven von acht brandenburgischen Batterien, die teilweise schon bei L'Envie auffuhren, ergab keine durchschlagende Wirkung. Die deutschen Stürmer zurückgeschmettert, Amanvillers unnahbar. Nur beim Pachthof Chantrenne gab die Verteidigung eines vorliegenden Waldzipfels endlich nach, die Fünfundachtziger erstürmten ihn mit Bravour. Aneinander geriet man hier mit Clinchants 95. ligne.

Leutnant der Reserve Professor Müller, sonst in Kiel auf dem Katheder sitzend, saß hier halbliegend an einer Pappel. Mit dem Schlachtruf „Grade drauf los!" war er mit Sechsunddreißigern die Waldhöhe hinaufgeeilt, als er einen Schlag am rechten Fuße spürte. „Bah, da hat mich wohl einer beim Fallen mit dem Ge= wehr berührt," dachte er sekundenrasch und lief weiter. Da knickte er ein, mit zerschossenem Knöchel. Doch an seiner Pappel lehnend, wo rund um ihn herum seine Füsiliere fielen, leitete er den Schützenzug fort. „Gebt nicht nach, Kerls!" spornte er sie an und ließ sich nicht wegtragen.

Der Einjährige Specht vom vierten hessischen Regiment schlich am Bahndamm mit einer Patrouille vor, um die nächste Terrain= spalte einzusehen, und erfüllte diese Aufgabe pflichtgetreu. Obschon von starkem Blutverlust entkräftet, verwundet erstattete er Meldung. Das Regiment richtete sich danach ein und schob sich etwas vor, doch bannte das Höllenfeuer aus Amanvillers auch diese Truppe hier fest. —

Am äußersten rechten Flügel der holsteinischen Artilleriebrigade ging es nicht weniger schlimm her wie am linken. „Ihr müßt allein weiter arbeiten!" rief Hauptmann Mente dem Gefreiten

Schultz und Kanonier Peters zu, die allein bei einem Geschütz übrigblieben. „Nun mußt du allein, Peters,“ seufzte der Gefreite umsinkend. So saß er still bei seinem Geschütz, im Notverband halb ohnmächtig, bis das Kommando „Feuer halt!“ ihn weckte.

„Peters, ich bin ja nicht tot, nimm mich mit!“ Peters half ihm auf die Protze und hielt ihn da fest.

Freiwilliger Jünemann von der dritten leichten Batterie bediente bis zuletzt sein Geschütz, nachdem sein nächster Kamerad in zwei Hälften zerrissen, dem andern durch einen ‚Mitnehmer‘ das Bein am Kniegelenk weggenommen, nach und nach alle verwundet waren. Dann brachte er das völlig demontierte Stück mit zwei verwundeten Pferden davor zurück und wartete nur, bis zwei Stück der ruinierten Batterie bei der ersten Staffel wieder vervollständigt wurden, um sofort wieder unter einem hessischen Major vorzugehen.

Vor drei Uhr waren fünf Batterien — die vernichtete Werner ungerechnet — hinter den Wald zurückgegangen, wobei der verwundete Oberstleutnant Darapsky wieder das Kommando übernahm. Die schwere Roerdansz hatte sich der feindlichen Tirailleure mit Kartätschen erwehren müssen, ihr Batteriechef fiel und zwei andere Offiziere nebst zweiunddreißig Mann wurden außer Gefecht gesetzt. Ein Geschütz blieb hinter der Höhe liegen. Die zweite schwere ließ fünf Protzwagen zurück, im Walde selbst noch ein paar Geschütze.

Die reitende König verlor auch sechsunddreißig Kanoniere und brachte ein jeder Bespannung beraubtes Stück nur mit Mühe in Sicherheit. Auch die hessische reitende Batterie Schäfer mußte östlich Vernéville ihren Posten aufgeben, um ihre Schäden auszubessern. Auch ihr blieb ein Geschütz unterwegs liegen, und als sie brav zur Gruppe des Hauptmanns v. Cynatten zurückkehrte, verlor sie abermals ein demontiertes Geschütz und den tötlich getroffenen Batteriechef.

Wie vorher Major Graeff beim Sturm auf Champenois, so fiel längst auch der Kommandeur des ersten Jägerbataillons, Major Lautenberger, in den Tod. Von allen Seiten strömte der Geschoßregen hernieder. Mit hervorragender Bravour wandten sich die Jäger jedoch links und erstritten eine flache Kuppe südwestlich von Amanvillers. Vollständig in Schützen aufgelöst, wichen und wankten sie nicht vom Platze, den ihre Toten und Verwundeten dicht überfüllten. Hauptmann Schleuning fiel, Hauptmann Stock ward verwundet, doch unerschütterlich bewahrte der tapfere älteste Hauptmann Daudistel die eroberte Stellung. Zehn Offiziere, fast dreihundert Mann der tapferen Truppe bluteten, selbst die ostpreußischen Jäger bei Colombey litten nicht so. Ihre mannhaften Gegner, die 2. Chasseurs, thaten es ihnen gleich: dreizehn Offiziere, zweihundertzwanzig Mann außer Gefecht! Auch das zweite hessische Jägerbataillon streifte den Bahndamm an einer Mulde, von wo es einen scharfen und nicht ungünstigen Feuerkampf fortsetzte und sich später dem Vorstoß des Generals v. Wittich anschloß. Desgleichen ein Teil des dritten Regiments unter Oberstleutnant Stamm, der hier den Heldentod fand, ohne etwas ausrichten zu können.

Selbst im Stabe des tapfern und umsichtigen Prinzen Ludwig von Hessen hielt der Tod seine Ernte: an des Prinzen Seite ward der erste Divisionsadjutant Möller getötet. Und nicht minder in Mansteins Gefolge sein erster Adjutant, Major Doering. An den Drahtgeflechten und zusammengefahrenen Karren, mit welchen die Franzosen den Damm sperrten, und von der fünfzehn Fuß hohen Böschung troff reichlich Blut hernieder.

Beim ersten hessischen Regiment fiel Major Hahn, ebenso ward Major v. Röder verwundet, nur Major Anschütz blieb unversehrt. Beim dritten war Major Lannert verwundet. Beide Regimenter verloren jedoch nur je dreihundert Mann und darüber, ebenso das zweite, welches, gleich dem ersten, sechzehn Offiziere einbüßte. Auch die zweiten Jäger ließen acht Offiziere, hundertdreiundsechzig Mann auf der Strecke, merkwürdigerweise genau so viel wie die Lauenburger Jäger. Die Vierundachtziger verloren am meisten Offiziere: zweiunddreißig (fünf Hauptleute), die Fünfundachtziger am meisten Mannschaft: siebenhundertzweiundsechzig. Die Sechsunddreißiger blieben in beidem in der Mitte mit neunundzwanzig Offizieren (vier Hauptleute), fünfhundertfünfundsechzig Mann. Da die Elfer nicht mitfochten, so entfiel der Verlust von rund zweitausendzweihundert Köpfen der Division Wrangel auf nur zehn Bataillone. Auch darf man nicht vergessen, daß die hessischen Regimenter nur zwei Bataillone zählten. Ganz außerordentlich war freilich nur der Verlust der Artillerie, auch der hessischen, des Bataillons Goddenthow und der ersten Jäger.

Wenn aber das neunte Korps mit einem Verlust von rund viertausendeinhundert, wozu noch zwei Offiziere fünfzig Kanoniere der Brandenburger Korpsartillerie hinzuzufügen, hinter den prozentualen Verluften anderer Korps und Divifionen — des fünften bei Wörth, des dritten und zehnten bei Vionville, relativ auch der Divifion Kameke bei Spicheren — zurückblieb, fo muß man mit veranfchlagen, daß feinen zwanzig fech= tenden Bataillonen auch keine bedeutenden Streitkräfte gegenüberftanden.

Die Hälfte der Divifion Grenier ward aus dem Feuer gezogen, Brigade Pradier und Brigade Clinchant allein fochten gegen Divifion Wrangel und den Hauptteil der Heffen, während die Linke der Divifion Lorencez, den Angriff Wittichs abfchlagend, gleichzeitig Gardebrigade Knappe gegen fich hatte. Die Tirailleure der Divifion Ciffey gegen= über dem Bois de la Cuffe wirkten zwar auch gegen Artillerie und Heffen, ihre wahre Gefechtskraft aber fetzten fie nur gegen Gardebrigade Berger ein. Es find daher all diefe Gardebataillone und ihr gewaltiger Verluft gleichzeitig dem Korps Ladmirault gutzufchreiben, das mit fünf= undzwanzigtaufend Gewehren dreiundbreißigtaufend deutfchen entgegentrat.

Divifion Grenier verlor fiebenundvierzig Offiziere und etwa taufend Mann (davon fechshundert der Brigade Pradier), das 33. nur hundert= zwanzig nebft fünf Offizieren. Montaudon büßte neunzehn Offiziere und über fünfhundert Mann ein: dabei die zweite Brigade und die 18. Chaffeurs faft Null, das 81. zweihundertfiebzig.

Brigade Pradier bewahrte ihre Stellung bis zum Frühmorgen, ebenfo räumte das 33. ligne erft bei Mitternacht Montigny. Brigade Clinchant marfchierte allerdings fchon etwas vorher ab, nur auf höheren Befehl, ohne daß die deutfchen Granaten, fo tiefe Lichtungen fie in das Charmoife=Wäldchen riffen, ihre fefte Schlachtreihe zu lichten vermochten. Die fechs Batterien Montaudons teilten übrigens nicht das Abfahren der Ladmiraultfchen Artillerie, fondern feuerten teilweife bis zuletzt, zumal Leboeuf auf Hilferuf feines Kollegen ihm zwei fernere Refervebatterien nebft dem 41. ligne der Divifion Nayral zu Hilfe fandte. Doch diefe Truppe kam überhaupt nicht mehr zum Eingreifen.

Ladmirault hatte, als die Nacht fank, feine fämtlichen Stellungen in und um Amanvillers behauptet, was dem franzöfifchen Fußvolk, feiner eigenen Artillerie beraubt und der zermalmenden feindlichen Kanonade auf nackter Hochfläche ausgefetzt, zu hoher Ehre gereicht. Dagegen verpaßte es freilich früher den Augenblick, wo es möglich gewefen wäre, durch rückfichtslofes Vorbrechen aller verfügbaren Kräfte die holfteinifche Artillerie vollftändig zu über= wältigen und zu vernichten. Thatfächlich drangen nur einzelne

Trupps, ja gradezu isolierte Leute in die Batterie Werner ein, so daß Wegschaffung von nur zwei Geschützen lediglich durch raschen Beistand eines Artilleriegespanns gelang, alle übrigen demontierten Stücke einfach stehen blieben.

Nach vier Uhr kreuzten sich ununterbrochen in Cisseys Reihen die Eisenbälle der hessischen und Gardeartillerie. Letztere feuerte anfangs nur gegen St. Marie, sodann gegen Canroberts Batterien südlich von St. Privat, ohne sich um die Tirailleure des 73. ligne zu kümmern, die fortdauernd die Ansammlung von deutschem Fuß= volk und Geschütz am Nordrand des Cussewalds sowie Habonville unter Feuer hielten. Als aber die deutschen Artilleriemassen sich zusehends verdichteten, ging das 57. auf gleiche Höhe mit dem 73. auf dem Vorgebirge, das nach dem Walde ausspringt, und knallte erbarmungslos in die Gardebatterien hinein. Etwas später stellte sich auch das 1. ligne auf den spornartigen Vorsprung des südlich vor St. Privat ausbuchtenden Höhenlands auf und fegte die Bahn zwischen St. Ail und St. Privat mit seinen Salven. Das 6. ligne hingegen hielt sich seitwärts zurück am Bahndamm und bestrich diesen bis zum Ostrand des Cussewaldes. Die 20. Chasseurs dienten als Bedeckung der Divisionsbatterien, so lange diese im Feuer bleiben konnten, in naher Verbindung mit den 2. Chasseurs und noch hier verbliebenen Isolierten der 5. Chasseurs, welche im Verein mit I 13 dem Abzug Bellecourts sich nicht anschlossen und im Hohlweg zum Wärterhäuschen fochten, bis die hessischen Jäger sie hier vertrieben.

Die eigentümlichen Gelände= und Gefechtsverhältnisse brachten es mit sich, daß jeder deutsche Vorstoß längs des Bahndamms — und nur ein solcher war möglich, da bei Peupliers jeder Durch= gang auf der südlicheren Hälfte des Schlachtfelds gesperrt — not= wendig in doppeltes Flankenfeuer geriet. Alles, was von Hessen südlich der Bahn vorwärts wollte, fiel vorm I 13 und 65. ligne südlich Amanvillers und 73. nördlich der Bahn. Als die dritte Gardebrigade hinterm Südrand des Cusseholzes neben den Hessen vorbrach, überschütteten sie das 6. ligne nördlich und 54. südlich der Bahn mit Kreuzfeuer. Vierte Gardebrigade geriet zwischen das 57. und 1. hinein, um weiterhin vom 6. südlich und vom 25.

der Brigade Gibon nördlich flankiert zu werden. Division Cissey umschrieb übrigens einen Halbkreis, insofern die Vorderbrigade Golberg nach Westen, das 1. nach Nordwesten und das 6. nach Südwesten ihre Front hatten.

———   ———   ———

Noch um sechs Uhr sowie später erschien Mansteins Lage bedenklich. Hinter La Folie's Dächern erkannte man deutlich noch unberührte französische Massen, bei Ferme Leipzig stand Division Nayrals frische Kraft, das Waldgefecht einiger Goebenschen Bataillone im Genivauxwald zur Rechten Mansteins verlief nicht zum besten.

Durchbruch des tapferen Gegners im Zentrum wäre um so wahrscheinlicher gewesen, als der überstarke rechte Flügel des deutschen Heeres sich am Abend in völliger Entkräftung befand. Nur zur Linken die Garde konnte Mansteins Bedrängnis entlasten, die Rechte zeigte sich dazu außer stande.

Denn dort sah es trübe aus. Durchbrennende Gefährte, schreiende, fliehende Haufen bedeckten die Chaussee schon bis Rezonville, Gravelotte ward in Verteidigungszustand versetzt, ja sogar Rückzugsbefehle nach Ars und Corny für die Moselbrücken ausgegeben: so endeten um sieben Uhr die Anstrengungen der Steinmetz-Armee, die Mancehöhen zu gewinnen.

„Schlagen kann mich Bazaine, doch los wird er mich noch lange nicht," rief Alvensleben bei Vionville. Dies schien auch heut der einzige Trost, mit dem das Ergebnis so opferreichen Ringens abschließen durfte.

———   ———   ———

Sieben westfälische Batterien, mit aufgesessener Bedienungs=
mannschaft im Trabe ihre Plätze erreichend und einnehmend, über=
raschten gewissermaßen vor ein Uhr mittags die gedeckt stehende
Artillerie Frossards bei Point du Jour. Ihre ersten Schüsse
blieben unerwidert, da die französischen schon Goebens Fußvolk in
der Thalsenkung zum Ziel nahmen. Und als sich dann eine heftige
Kanonade notgedrungen auch gegen die Richtung, von wo die
deutschen Feuerschlünde eröffneten, drüben erhob, sprengten die
deutschen Granaten mehrere Munitionswagen in die Luft.

Besonders die Mitrailleusen wurden sehr mitgenommen, obschon
die Entfernung eine starke Viertelmeile betrug. —

Korps Zastrow stand am Bois de Vaux vereint, Brigade Goltz
am äußersten rechten Flügel. Nördlich davor lagen die großen
Steinbrüche von Point du Jour. Als Goebens Division Weltzien
über die Römerstraße von Rezonville auf Gravelotte vorrückte und
die Thalsenke nördlich der Chaussee durchschritt, bedeckten Leboeufs
Batterien von Moscou her das Gelände mit Shrapnels und
Mitrailleusengeschossen, ohne jedoch viel Schaden zu thun. Da die
französische Hauptmacht hinter dem steil ostwärts abfallenden, breit=
gewölbten Höhenrücken stand, entzog sie sich dem deutschen Feuer,
während ihr Vordertreffen aus gutangelegten Schützengräben am
Rand der Hochfläche den sanften Hang verderblich bestrich.

Die Waldungen freilich, welche das tiefe Mancethal höhen=
aufwärts rechts und links umgaben, dienten dem Angreifer als
Schleier, um seine Anstalten zu verbergen. Doch erschwerten sie
andrerseits jede Bewegung innerhalb der Dickungen. Die Grave=
lotter Chaussee mündete hohlwegartig mit aufgemauertem Damm
in die Hochfläche ein, östlich obendrein durch Steinbrüche begrenzt,
so daß erst dicht vorm Pachthof St. Hubert eine ordentliche Ent=
wickelung der Angriffssäulen stattfinden konnte. Diese fünfzehn=
hundert Schritt lange Enge bestrichen die Franzosen, insbesondere
Brigade Sanglé=Ferrière bei St. Hubert und eine Mitrailleusen=

batterie südlich von Moscou, genau und schnurgerade in ihrer aus-
mündenden Aufwärtsrichtung. Eine schlimmere Brückenkopfsperre
für ein Defilee konnte man sich nicht denken. Die andere Brigade
Aymards hielt am Chausseeknie bei Moscou das Waldplateau unter
Schuß, während Metman weiter rechts zwischen den Pachthöfen
Moscou und Leipzig gleichzeitig die Schluchten des Bois des Genivaux bewachte und sich an Montaudons Reservebrigade im Nordteil
dieser Waldung anschloß. Frossard hatte seinerseits die Meierei
Point du Jour mit den 3. Chasseurs besetzt, mit Brigade Jolivet
die Steinbrüche und Chausseegräben. Valazé blieb in Reserve
hinter dem Höhenrücken, in Nähe des Chausseeknies. Die Mitrailleusen Vergés richteten ihre Mündungen gegen die Gravelotter
Straßenenge, zwölf Zwölfpfünder verstärkten die Bestreichung der
Chaussee. Südöstlich der Meierei, an welche die Genietruppen
einen breiten Wall mit Erdaufwürfen auf den Flanken angesetzt
hatten, lagen die 12. Chasseurs der Division Bastoul in systematisch
ausgehobenen Gräben zu beiden Seiten der Chaussee. Später trat
das 23. ligne hier hinzu. Bastouls Mitrailleusen, westlich der
Chaussee vorgeschoben, um gegen das Debouchee zu wirken, litten
sogleich sehr hart durch die westfälischen Batterien. Sämtliche
übrigen Batterien des Korps bildeten bei Rozerieulles ganz südöstlich eine Hakenflanke neben Brigade Lapasset, das Moselthal be-
herrschend.

Sechs Batterien Goebens, zwischen den Gehöften Malmaison
und Mogador westlich von Gravelotte aufgefahren, fünf weitere
von Mogador bis zum Dorf verlängernd, bereiteten den Angriff
auf die Waldsäume vor. Die ans Dorf gelehnten Brandenburger
Sechziger blieben vorläufig zurück, indes die ostpreußischen Dreiunddreißiger in kräftigem Anlauf mit Benutzung eines breiten
Fahrwegs die Gebüsche erreichten und aus dem Dorfe nordöstlich
vorbrachen. Durch umfassendes Kreuzfeuer regelmäßig vertrieben,
sobald sie am jenseitigen Thalrand auftauchten, faßten sie immerhin
Fuß auf der untern Hälfte des Abhangs am Ostrand des Waldes
entlang gegenüber Point du Jour. Das Füsilierbataillon drang
sogar bis zu den Steinbrüchen, die unmittelbar südlich der Chaussee
angrenzen, und erkaufte dauerndes dortiges Festsetzen mit dem Tod
des Kommandeurs v. Reinhard und vieler Offiziere und Mann-

schaften. — Dies geschah gegen zwei Uhr, und gleichzeitig focht links
davon Brigade Strubberg, durchs Mancethal staffelförmig hinauf=
geführt, einen erbitterten Kampf. Zwei Bataillone Magdeburger
Siebenundsechziger brachen in der Front der Waldecken durch, die
Flankenränder behauptete jedoch der Feind um so zäher, als hier
Verhaue und Steinhaufen kunstmäßig errichtet. Aber dem unge=
stümen Anlauf der nachfolgenden Rheinländer vermochte nichts zu
widerstehen, um halbdrei Uhr befanden sich die vorderen Wald=
schluchten in ihrer Hand. Auf der linken Flanke Goebens drang
Bataillon Lange der rheinischen Achtundzwanziger von Mogador
aus in ein Seitenthal, wo zu einer Wiesenniederung eine Schlucht von
La Folie herabzieht. Hintereinander sperrten hier zwei mauerartige
Deckungen den Zugang ins Bois des Genivaux, gleichwohl drang
auch hier die rheinische Tapferkeit durch und der Hauptteil des
genannten Regiments ward erst vor drei Uhr zum Stillstand ge=
nötigt, wo der Waldweg nach St. Hubert ins Freie mündet.

Die Siebenundsechziger drangen aufs Feld heraus unmittelbar
St. Hubert gegenüber, im Laufschritt die Steingruben nördlich der
Chaussee umgehend — nicht zu verwechseln mit den östlicheren
großen Steinbrüchen von Point du Jour — und die rheinischen
Jäger erklommen den Waldberg, bis sie sich nordwestlich der Ferme
in einigen Vertiefungen festsetzten. Ihre sämtlichen Kompagniechefs
— Graf Stillfried, May und Bergfeld tot, Bünau verwundet —
sowie Major v. Wittich des Siebenundsechziger Füsilierbataillons
tränkten den verhängnisvollen Höhenrand mit ihrem Blute. Mittler=
weile scheiterte teilweise ein kühner Handstreich der Ostpreußen auf
die Kiesgruben südlich Point du Jour, wobei beide Bataillons=
kommandeure v. Knobelsdorff und v. Gilsa schwerverwundet. Von
den durch Zwischenwände getrennten Abschnitten der Kiesgruben
konnte nur der vorderste genommen werden, wo man unter mör=
derischem Feuer schwach gedeckt liegen blieb. Auch Brandenburger
Sechziger gingen, eine entstandene Lücke zu füllen, über die Mance=
schlucht, verloren aber gleich viele Leute, darunter ihren Oberst
v. Dannenberg.

Die reitende Batterie Preinitzer der Kavalleriedivision Hart=
mann schob sich zwischen Malmaison und Mogador ein und ging
etwas über die Geschützlinie Goebens vor. Allein am westlichen

Saum des Genivauxwaldes erschienen mehrfach feindliche Tirailleur=
haufen, welche die Gegend bei Malmaison mit Flankenfeuer über=
schütteten. Es bestand hier obendrein die Gefahr, daß der Gegner
im Laufe der Schlacht zwischen Manstein und Goeben, wo ein
freier Zwischenraum klaffte, durchbrechen werde. Die in dieser
Richtung angesetzte Brigade Metmans hatte ja die ganze Division
Rayral als Rückhalt hinter sich. Doch nichts derartiges fiel vor,
und die reitende Batterie hielt sich, während das zweite Bataillon
Siebenundsechziger, südwestlich Malmaison zurückgehalten, in das
Holz eindrang und südlich von Chantrenne Fühlung mit den Lauen=
burger Jägern gewann. — Korps Zastrow verhielt sich zuwartend,
brachte drei frische Batterien ins Feuer und hielt die feindlichen
derart nieder, daß sie ihr Fußvolk nicht schützen konnten. Doch
dies bedurfte gar keines Schutzes und befand sich noch sehr wohl,
von Verlusten fast unversehrt. Zu schweren Irrtümern verleitet der
äußere Eindruck eines siegreichen Geschützkampfes und der Wahn,
dieser allein könne eine Entscheidung erzwingen.

Die deutsche Artillerie hatte nun, was sie wollte: die Meierei
brannte! Vom „Tagespunkt", wo die höchste Plateauspitze zuerst
der Sonnenaufgang bestrahlt, schlugen helle Flammen empor!

Dahinter bewegten dunkle Massen sich abwärts. Denn die
teilweise über den Höhenrücken herausgekommenen Rückhaltmassen
Frossards tauchten, um sich der Granatüberschüttung zu entziehen,
wieder unter. Als die Mitrailleusen sich anscheinend verschossen,
die Vierpfünder Vergés verschwanden, auch die Geschützgruppen
bei Moscou und Rozerieulles zeitweilig verstummten, ging freudiges
Aufatmen durch die deutschen Reihen. Man glaubte den Feind
erschüttert, seine Artillerie wirklich niedergerungen, seinen Wider=
stand erlahmt. Auf dem Gravelotter Feldherrnhügel drängte sich
Steinmetz die Gewißheit auf, daß es nur noch eines kräftigen An=
stoßes bedürfe, den Feind in die Flucht zu schlagen. Der Boden
brannte ihm unter den Füßen, den Sieg auszunutzen, und als
vollends die willkommene Kunde kam, der angebliche Schlüsselpunkt
der feindlichen Stellung: St. Hubert sei genommen, da flogen seine
Befehle an alle drei Waffengattungen, über die Thalenge nach
Metz hin zu verfolgen! Nicht so Goeben. Diesem schien die Sache
nicht geheuer und er kam der Weisung, seine frische Brigade Gnei=

senau einzuseßen, sogar zuvor, aber in anderem Sinne: Er brachte
sie in schleunige Bewegung, um etwaigen feindlichen Vorstößen
entgegenzutreten.

Allerdings zwang die Lohe in Point du Jour die Chasseur-
besaßung, die brennenden Baulichkeiten zu verlassen. Doch ihr
Verlust blieb Null. Allerdings hatte das dreiste Vorgehen der
Ostpreußen die Mitrailleusenbatterie Laurent, übel von Granaten
zugerichtet und daher ohne genügende Bespannung, einen Augenblick in Gefahr gebracht. Kapitän Laurent, schon bei Spicheren so
energisch, wagte sich zu weit auf der Chaussee vor, um desto näher
den Manceübergang unter Feuer zu halten. Die 12. Chasseurs
und ein Bataillon vom 23. rissen ihn jedoch aus der Bedrängnis.

Ebensowenig glückte den Brandenburgern ein Umrennen der 3. Chasseurs und eines Bataillons vom 76. ligne, sobald diese nach anfänglichem
Weichen durch I II 55 I II 23 unterstüßt wurden. Das 32. ging gleichfalls in die Feuerlinie vor, und Colonel Waldener des 55. ligne unternahm verschiedene Vorstöße gegen Truppen Zastrows, die rechts von den
Ostpreußen aus dem Vaur-Wald tiraillierten. Die Generale Osten-Sacken
und Conrady (leßterer an Stelle des gefallenen François) hatten hier
wenig Glück. Drei Regimenter der Division Bastoul thaten noch keinen
Schuß, und erst zuleßt, als die deutschen Massen sich übermäßig verdichteten, traten das 8. und 66. ligne hinter dem Ostabfall des Höhen-
zuges hervor. Das 67. ward überhaupt nicht sichtbar und nur das 66.
kam westlich von Point du Jour wirklich zum Kampfe.

Das Gefecht auf der Hochfläche nahm deutscherseits verwirrende
Formen an, gekennzeichnet durch Zerreißen der Verbände, Aufhören
der taktischen Einheiten, Mangel an jeder einheitlichen Leitung.
Zum Teil brachten die ungünstige Art des Geländes, zum Teil
die Trennung der jenseits fechtenden Körper von den oberen Be-
fehlshabern, die diesseits der Manceschlucht verblieben, vor allem
aber die auflösende Wirkung der immer ärger einreißenden Verluste und die nervenzerrüttende Gewalt des feindlichen Feuers
dies mit sich, indes die Franzosen ihre wohlgeordneten Linien bewahren konnten.

Anfangs kam freilich noch ein Erfolg daraus. Brigade Ferrière hatte mit dem 80. und 85. ligne zweimal Angriffe auf St.
Hubert abgeschlagen. Doch die mächtige deutsche Geschüßmasse,
zuleßt auf hundertzweiunddreißig Stück vermehrt, kanonierte den

Pachthof derart, daß im Hofraum die Verteidiger reihenweise von Granatsplittern zerrissen wurden. Die Hälfte des Bataillons vom 80., das die Besatzung ausmachte, lag am Boden, sein Chef getötet, als es die Ferme verlassen mußte. Die rheinischen Jäger schossen sich so nahe heran, daß im Verein mit andern Truppenteilen der Sturm gewagt werden konnte.

Er gelang. Nicht aber gelang es, der weichenden Brigade Ferrière auf Moscou nachzudrängen, und auch zur Linken im Genivauxwalde bekam man einen schweren Stand, da Metman nach Verscheuchung seiner vorderen Bataillone jetzt dort wiederholt zum Angriff überging. Und wie Soldat Tisserand vom 80. schwerverwundet jede Ambulanz verschmähte und bis zum Ende des Tages weiterkämpfte, so zeigte sich manch gallische Katzennatur bereit, sich eher in Stücke hacken zu lassen als zu weichen.

. . Mit stürmischer Tapferkeit, anfangs behutsam in Schlangenwindungen, war das rheinische Jägerbataillon auf St. Hubert losgegangen. Ausgeschwärmt links der Chaussee, verlor es binnen wenigen Minuten hundert Jäger. Auch Liegen fruchtete nichts gegen den Kugelschauer, der sich strichweise übers Mancethal verstreute. Da sprang plötzlich Jäger Hartmond der ersten Kompagnie auf, der ganz vorne lag mit schon sieben Löchern im Mantel, durchsiebtem Brotbeutel, daß die Reservepatronen durchschossen herausrollten, und vom Schädel abgefegtem Haarbüschel. „Wer geht mit zum Sturm auf das Ding?" Und siehe, es fehlte nicht an gleichgestimmten Seelen. Allen voran der wackere Hartmond, waren die Rheinländer drin im Gehöft und wirtschafteten furchtbar mit dem Kolben, denn den Hirschfänger hatte man bei der Geschwindigkeit des Vorgehens nicht mal aufgepflanzt. Sappeurs mußten einen Durchgang hauen, daß die Trümmer des 80. ligne in hastigen Saltomortales entwischen konnten. Leutnant Basse drang von der rechten Seite zuerst in den Hof. Doch wie mancher Jäger fand dort den Ehrentod!

Die Siebenundsechziger durchlebten auch keine gemütlichen Stunden. Nachdem sie die Manceschlucht durchschritten, besetzten sie den gegen St. Hubert gerichteten Waldvorsprung. Aus der Ferme, deren wohlverschanzte Wälle eine Bastion der feindlichen Höhenstellung bildeten, sprühte ein vernichtendes Feuer, das ein Waldsaum nicht abzuhalten vermochte. Die Schützen flohen ins schützende Dickicht zurück, in welches das rasselnde Schnurren der Mitrailleusen hinein= gellte. Hinter den Stämmen barg sich, wer dem Chassepothagel entrann. Besonders die dritte Kompagnie ward auseinandergesprengt.

Es traten hier Scenen ein, wie einst im Hola= und Swiepwald bei Königgrätz. Denn zersplitterte Äste stoben krachend zur Erde, alles wirrte im Walde durcheinander, den umsonst Signale und Kommandos durchtönten. Über dem Waldabhang flatterte der Pulverrauch, senkte sich immer tiefer und umspann, von niederen Baumkronen festgehalten, das dunkle Waldesgrün. Umsonst bahnten sich frische Bataillone mit herzhaftem Feldgeschrei den Weg nach vorn durchs Schlachtgetümmel, das Durcheinander im Buchwald irrte ratlos umher. Und was nach vorne wollte, kam bald zurück. Zu unerbittlich brüllte der Kanonendonner von Moscou her.

Gefreiter Clemens der Siebenundsechziger that hier Wunder durch Pflichteifer, brachte immer mehr Leute der dritten Kompagnie zusammen, Leichtverwundete und Drückeberger. Sein festes Auftreten wirkte so sehr auf die haltlosen Kameraden, daß jeder willig dem Befehl sich unterordnete, obschon er doch gar nichts zu befehlen hatte. „Wie haben Sie das fertig gebracht?" begrüßte ihn dankbar sein Hauptmann v. Spillner. Gleich darauf brach das Regiment noch= mals zum Anlauf über das frei ansteigende Gelände vor. Wieder umsonst! Statt den Gegner wegzudrängen, wird man aufs neue in den Wald geschleudert. Aber überraschend schnell schlossen sich jetzt die „Versprengten" zusammen, denn niemand wollte dafür gelten, seit ein Gefreiter spottend lachte: „Das ist einer von Clemens seinen!", als ein Drückeberger sich vereinzelt in sichere Deckung verkroch.

Bei erneutem Sturm auf St. Hubert, an dem sich sämtliche bisher eingesetzten Regimenter Goebens beteiligten, erlaubten die großen Verbände auch sehr breite Schützenfronten. Und diesmal ist's gerade die dritte Kompagnie Siebenundsechziger — „Clemens seine" —, die aus Westen längs der Chaussee zuerst die Schützen= linien übersprang und den Feind aus den Hecken verjagte. Und das Draufschlagen verstanden Clemens und die Seinen, die hier allen voran sind.

Hauptmann Günther und Adjutant Roe von den Siebenund=

sechzigern zeichneten sich hier ebenso aus, wie die Jägerleutnants Stelzer, v. Hövel, Kröckelsberger und Fähnrich v. Clave, die an der Nordseite über die Mauer voltigierten. Hof und Garten, von verschiedensten Truppenkörpern gefüllt, hielt aber jetzt der Feind unter ein umfassendes, überwältigendes Feuer.

Von Angeschossenen und Toten türmten sich lebende Barrikaden. Das Chassepotfeuer beherrschte den weiten Raum.

„Wie weit taxieren Sie bis an nächsten Wiesenrand?" frug ein Hauptmann einen Sergeanten. „Neunhundert Schritt, zu Befehl," meldete dieser kerzengerade mit angefaßtem Gewehr. „Donnerwetter, bleiben Sie doch in Deckung!" Da zerspellte jenem ein

Schuß auch schon den Gewehrkolben unterm Abzugsbügel, so daß
er eiligst wieder in der Versenkung verschwand. Als Kontrabässe
im Schlachtorchester spielten die Zwölfpfünder drüben ein böses
Fortissimo.

„Mit mir ist's vorbei. Aber nur feste uf de Weste, Kinder!"
Da lag ein Sechziger, mit drei Kugeln im Bein, einer in der
Brust, einer durch linkes Auge und Oberkiefer, und vorher bei
St. Hubert hatte er noch einen Hieb mit Haubajonett über den
Kopf bekommen. Aber solch ein Brandenburger hat ein zähes
Leben!

Die beim Ansturm ungedeckt feuernden Jäger hatten manchen
Franzmann durch den Kopf geschossen, wie man mit Überraschung
innerhalb des Gehöfts entdeckte. Doch weitaus die meisten raffte
hier ein Granatsplitter dahin: die rheinischen Batterien zerschossen
gründlich dies zur Festung umgewandelte Vorwerk. Der tapfere
Jägerkommandeur v. Oppeln-Bronikowski — sein Adjutant v. Weise
blieb trotz starker Verwundung bei der Truppe — setzte nunmehr
den Hof in Verteidigungszustand. „Da sollen die verfluchten Sans-
culottes das Nachsehen haben!" Feldwebel Jansen besetzte das
oberste Stockwerk, ließ Scharten brechen und bekämpfte eine nahe
gegenüber aufgefahrene Mitrailleusenbatterie, die bedeutenden Schaden
that, durch ruhige sichere Beschießung. Alle Jäger und Füsiliere
im Bauernhof vereinten ihr Feuer, wobei Feldwebel Holz sich durch
Umsicht hervorthat, so daß die Mitrailleusen allmählich schwiegen
und abzogen. Von jetzt ab gaben die bedrängten, weit vorgewagten
deutschen Schützenlinien zu beiden Seiten des eroberten Vorwerks
Schlag auf Schlag dem Feind sein Rollfeuer zurück, obschon sie
schwer litten. Die Jägerbesatzung selber ließ sich durch kein Kreuzfeuer
vertreiben. Dem Major v. Bronikowski hatte der Feind nicht nur
sein Pferd erschossen, sondern auch Rock und Hose gestreift, sein
Fernrohr und den Schaft seines an der Hüfte hängenden Revolvers
zerschmettert und die Rechte verletzt. Doch mit begeisternder Überlegenheit kaltblütiger Ruhe erteilte er fort und fort seine Anord-
nungen, ohne je die Vorderreihen zu verlassen.

Das zweistockige Wohnhaus des Hubertushofs mit beiden
Ställen und dem östlich gelegenen ummauerten Obstgarten gewährte
allerdings dem angriffsweisen Verfahren der so schwer um die

Hochfläche ringenden Deutschen einen Stützpunkt. Es stellte sich jedoch bald heraus, daß man die Wichtigkeit der Einnahme über= schätzte. Die Ferme bildete sozusagen nur ein Außenfort der ohnehin kaum besetzten französischen Vorderlinie in Höhe der Wald= ränder, und daß der Feind dies richtig auffaßte, bewies das unauf= hörliche Flankenfeuer von beiden Flügeln her, dem die nunmehrigen deutschen Verteidiger sich ausgesetzt sahen. Auch die Meinung, daß durch Wegräumung dieses Sperrforts die Thalenge den unmittel= baren Sphären der feindlichen Schießkunst entrückt sei, erwies sich irrig. Denn alle frischen Massen, die von Mance=Mühle her durch die Thalsohle bergan eilten, erreichte nach wie vor das üppigste Fernfeuer.

Je drei Kompagnien Ostpreußen und Brandenburger hängten sich übrigens dem allgemeinen Vorstürzen auf St. Hubert an und drängten sich nachher dort hinein, wodurch eine schauderhafte Überfüllung und Ver= stopfung entstand. Vorerst lagen nun dort vierzehn Kompagnien dem nahen Chassepotregen ausgesetzt, da beherzte Tirailleure auf dreihundert Schritt eine heftige Füsillade gegen das Vorwerk unterhielten. Später packten sich hier die Reste von vierzig, nicht mehr vierzehn, Kompagnien zusammen, nämlich soweit sie als geschlossene Körper in der Hand ihrer Offiziere blieben, da die ungeheure Mehrzahl der Mannschaften teils nach eigener Eingebung in versprengten Gruppen auf eigene Faust focht, teils auch abbröckelte und sich dem Kampfe ins Innere der Gehölze oder bis ins Mancethal selber entzog.

Ein zäher, unerquicklicher Truppen=Brei floß zusehends in zu= nehmender Verdickung nach hinten ab, gut ein Viertel der Division Weltzien entfiel so den Kampfreihen. Es wimmelte, je weiter die Zerstörung jeder taktischen Ordnung sich ausdehnte, von Drücke= bergern, später sogar von Flüchtlingen, die wie sinnberaubt bis Gravelotte zurückrannten und dem Auge ihres Königs das be= schämendste Schauspiel boten. Der greise Monarch, ohnehin an die altfränkische Geschlossenheit einstiger Taktik gewöhnt und ein besonderer Liebhaber von glatter Parade=Propretät, geriet schon bei Sadowa in Unmut, als er die auflösenden Gestaltungen des modernen Gefechts wahrnahm. Dort aber waren es nur einzelne Gruppen Versprengter gewesen, die er selbst wieder in Reih und Glied brachte und in den Hola=Wald hineinschickte: diesmal strömten ihm ganze Massen entgegen. Wie in Böhmen auch hier erst zur

großen Entscheidungsschlacht persönlich auf dem Schlachtfeld er=
scheinend, genoß er beidesmal den Anblick bisher nicht möglich ge=
glaubter Vorkommnisse: erschütterter preußischer Truppen von an=
scheinend schlechter Haltung. Als ob er durch besondere Krisis
beide Male vor Überhebung behütet und auf den siegreichen Aus=
gang läuternd vorbereitet werden sollte! Der König befand sich
in so unmutiger und erregter Stimmung, daß er sogar — bei
ihm ein äußerst seltener Fall — den unglücklichen Steinmetz seine
Ungnade spüren ließ.

Diese Dinge reiften freilich in vollem Umfange erst am Abend
aus, ihre Keime aber ließen sich von Anfang an spüren. Während
St. Hubert fiel, fielen doch gleichzeitig alle sonstigen Vorstöße in
sich nieder, wie eine verfehlte Kugel platt und kraftlos am Boden
aufschlägt.

Das Füsilierbataillon Siebenundsechziger und Teile des ersten
Bataillons hatten auf der Chaussee vorbrechen wollen, es entkräftete sie
aber ein solcher Blutverlust, daß nicht weniger als sechzehn ihrer Offiziere
zwischen dem Huberts=Steinbruch und der Chaussee niedergestreckt lagen.
Major v. Kutschenbach und sein Adjutant, die zu Pferde auf der Chaussee
hielten, teilten dieses Schicksal. Und die Sechziger, vollzählig vereint,
rückten umsonst östlich gegen Vergé vor: sie wurden sofort zum Stillstand
genötigt, ihre Füsiliere unter hartem Verlust an der Waldkante festgehalten.

Die sechs Kompagnien Ostpreußen erhoben sich umsonst in den Kies=
gruben, um südwestlich von Point du Jour anzulaufen: sie mußten in
Eile ihre Gräben wieder aufsuchen. Noch schlimmer endete ein allgemeiner
Vorstoß der tapfern Achtundzwanziger. Eine Kompagnie warf sich mit
nach St. Hubert unterm verwundeten Major Koppelow, das Gros aber
geriet im Walde durcheinander, und Bataillon Lange, das links aus
einer Lichtung vorstürmte, ward ganz rückwärts in den Chaussee=Steinbruch
zurückgeschmettert; Major Lange fiel.

. . „Heut ist ein Tag für die Ostpreußen, Kinder! Entweder
das hölzerne oder das eiserne Kreuz!" rief ein Dreiunddreißiger
überlaut. Mehrstenteils das erstere, genug Holzkreuze krönten
nachher die Hochfläche. Von Mund zu Mund in dem wildtosenden
Lärm ward bei Rheinländern und Brandenburgern die Absicht
mitgeteilt, durch Vorbrechen dem Feind bei Moscou und Point
du Jour beizukommen. Schrille Pfiffe — alles stürzt vor, ohne
sich umzusehen, wer folgt — aber nur zu bald fand man sich wieder

an gleicher Stelle wie früher, nur in arg verkleinerter Zahl. Sie
hatten sich das so schön gedacht, an die feindlichen Feuerschlünde
heranzukommen, ihnen Sand und Steine in den Schlund zu stoßen
oder Entladestöcke ins Zündloch zu treiben und darin abzubrechen.
Aber „'s war wieder nichts!"

Und umsonst schrieen tapfere Rheinländer, ihre Kameraden
anfeuernd: „Nix wie druff! Immer uf se! Mir nach, rheinische
Junge!"

„Mit denen wollen wir ein paar gute Worte reden," hieß es
umgekehrt, wenn feindliche Schwärme dicht herandrängten, „aber
nach Noten!" Schrecklich krachten Leboeufs Feuerschlünde auf dem
Höhenkamm, doch noch schrecklicher die deutschen. Gleichzeitig mit
dem eigenen Geschütz, das ein braver Artilleur abzog, ohne sich
stören zu lassen, krachte auch die deutsche Granate, die ihre feurige
Ladung kopfüber ergoß. „Wenn erst meine Hände geheilt sind,
dann räch' ich mich!" schrie ein Maréchal des Logis, den man,
eiligst mit Wasser überschüttet, wegführte. Das verbrannte Gesicht
muß eben abheilen, das ist der einzige Trost.

Aus den deutschen Artilleriestellungen sah man in der Ferne
mächtige weiße Staubschichten, die sich im Hintergrund der französischen Vorderlinien vorwärtsbewegten: offenbar rückte die Reserve,
die Garden, vor. Das klare Wetter begünstigte die Fernsicht, soweit der Schlachtenrauch sie nicht verdeckte. Kein Wölkchen am
Himmel, nur die bekannten kleinen Granatwölkchen. Der weiß-
gelbe, kahle Höhenzug hob sich gleichsam kalkig von den dunklen
Waldstreifen ab, welche mehrfach lichtere Stellen zeigten, ins Geni-
vauxdickicht aber wie ins Uferlose mündeten. Dort mußten die
Truppen sich förmlich hindurchzwängen, ihre Röcke zerreißend.

Die Hitze stieg mittags bis auf vierundzwanzig Grad Réau-
mur und steigerte sich durch den Glutatem der platzenden Granaten
und die Lohe der flammenden Gehöfte. Die weithin sichtbaren
weißen Steinbauten von Moscou und Point du Jour bildeten
jetzt nur große Trümmerhaufen, die kniehohen verscharteten Mauern
am Wegrand mit dem Querschnitt der Schützengräben dahinter
ein weites Trümmerfeld, bespickt mit verkohlten Leichen und an-
gesengten Pferdekadavern. Steine und Sand über und über mit
Blut bespritzend, flogen verstümmelte Gliedmaßen umher. Zerrissene

Lafetten und zertrümmerte Räder und Fetzen explodierter Pulver=
karren besäten den aufgewühlten Boden.

So gewaltig war die Wirkung der deutschen Geschützmassen, und
dennoch konnten sie den Verteidiger wohl aus dem Rechteck des Moscou=
gehöfts, nicht aber aus den zurückgebogenen Flanken der Schützen=
gräben hinausschießen. Der starke Frontabschluß der ganzen Luftlinie
zwischen Moscou und Point du Jour erwies sich unburchbrechbar.

Dagegen verteidigte dies furchtbare Geschützfeuer von den
Gravelotter Höhen den genommenen Hubertushof viel ergiebiger, als
es die dort zusammengekauerten und eingepferchten Fußvolkmassen
vermochten. Denn letztere hätten dort überhaupt keine Unterkunft
finden, ihren Aufenthalt darin nicht fortsetzen können, falls die
französischen Feuerschlünde dort mit ihrem Eisenbesen die Haufen
auseinanderfegten. Aber sie schwiegen und mußten schweigen, weil
der Orkan der deutschen Kanonade sie hinter den Höhenzug zurück=
wirbelte. Kaum tauchte eine Batterie wieder auf und gab eine
Lage ab, so bekam sie schon eins auf die Finger, daß sie Reißaus
nahm. Nirgendwo ward der französischen Artillerie erlaubt, sich
auch nur vorübergehend richtig einzuschießen. Statt die deutschen
Haufen bei St. Hubert reihenweise niederzustrecken, schoß sie unsicher
darüber hinaus.

Das dröhnende Hurrah, mit welchem die rheinischen Jäger
St. Hubert anliefen, hörte man auf Goebens Standort, ebenso
aber das mörberische Feuer aus Point du Jour gegen die Kies=
gruben, wobei die sechste und siebente Kompagnie der ostpreußischen
Füsiliere vollständig zu Grunde gingen. Die Zerstückelung des
Korps Zastrow auf einer Grundlinie von fast dreitausend Schritt
hätte bei Mance=Mühle sich zusammenfügen und von der Nordspitze
des Bauxwalds gegen den ausspringenden Winkel der Frossard'schen
Stellung, die Südspitze des großen Steinbruchs, ausfallen sollen.

Steinmetz stierte fortwährend wie hypnotisiert durch das
Kaninchenloch des Chausseehohlwegs, durch das er seine Massen
hindurchtrieb, und als er nach der Entscheidung greifen wollte,
geschah es im taktisch unreifsten Augenblick. Die bedeutenden
Massen zweier Armeekorps verkrümelten sich.

Während Goebens lange Gestalt unbewegt, die Schultern
hochgezogen und etwas vorgebeugt, im Sattel saß und durch die

Brille nach Moscou blinzelte, ohne je den Blick rückwärts zu wenden, drehte Steinmetz in kochender Unruhe unablässig sein Pferd, mit heftigen Gebärden und barschen Worten hier und da seinen Stab bedenkend, ohne daß sein eitler Eigensinn zu besseren Ratschlägen seine Gehilfen ermutigte. Der ganze Kampfrahmen, den drüben eine kilometerbreite Gefechtslinie spannte, zerbröckelte vor seinen Augen. Nie sind Truppen so arg der Hand ihrer Führung entschlüpft. Bis zum Ende machte man sich selber wehr= los, stellte sich zuletzt noch in der Dunkelheit dem Feind unbehilflich vor die Gewehrläufe.

Allmählich floß durch den verführerischen Abzugskanal der Straßenhöhle wohl ein Viertel der Mannschaft als Drückeberger ins Waldgebiet ab und hielt sich wohlgeborgen seitwärts der Thal= sohle. Wenn Generale und Obersten das Mancethal abritten, blieb der größte Teil ihrem Sammeln fern. Weiße, rote, blaue Achsel= klappen der verschiedenen rheinischen, brandenburgischen, ostpreußischen, magdeburgischen, westfälischen, hannoverschen Regimenter Goebens und Zastrows mischten sich zuletzt hinter der Front bunt durch= einander. Der eine trug noch sein Gewehr, der andere nicht, der eine den Helm, der andere die Mütze, der dritte keins von beiden. Da Offiziere gar nicht mehr und Unteroffiziere selten bei ihnen vorhanden, so führte das Sammeln dieser unregelmäßigen Gruppen, mit denen der ganze Hintergrund des Schlachtbildes gesegnet, sie nicht wieder in die Feuerzone zurück. Dem allzu Menschlichen seinen Tribut zollen, schien hier vielen doch angenehmer, als Kopf und Kragen daranzusetzen. — —

Das Vorgehen der Achtundzwanziger gegen Nordabhang der französischen Höhenstellung am Gabelpunkt der Waldstraßen zwischen La Folie und St. Hubert in Richtung auf Ferme Leipzig, wo Marschall Leboeuf selber seine Hörner anrannte, verhinderte ein Flankieren der am Ostabhang gegen Moscou ringenden Hauptteile. Warum Leboeuf nicht sofort genügende Kräfte heranbrachte, den Feind hier hinabzustoßen und die Artillerie Goebens in Gefahr zu bringen, bleibt sein Geheimnis. Er beließ es vorerst bei reiner Abwehr.

Das unerträgliche deutsche Geschützfeuer nach Moscou unterband sogar die Defensivfähigkeit des Gegners. Freilich, sobald einzelne

Anläufe der Deutschen nach vorne ausholten, zogen sie sich nur Rückschläge zu. Die auf eigene Faust gewagten Vorstöße von Kompagniegruppen führten nur Zerschmelzen und taktischen Ver= brauch herbei.

Um halbdrei Uhr lief vom Brigabegeneral Wedell, dessen Dreiundbreißiger ja immerhin Boden gewannen, die Meldung bei Steinmetz ein: eine Umfassung der feindlichen Linken bei Roze= rieulles verheiße Gewinn der Höhen. Auf Belehrung vorlauter Untergebener, die ihre Winke lieber für sich behalten sollen, achtet aber ein selbstherrlicher Löwe von Nachod nicht, unzugänglich jeder anderen Bedeutung als seiner eigenen historischen Größe. Es fiel ihm daher nicht ein, vom Bauxwald her flankierend gegen den Steinbruch anzusetzen, wo allein etwas zu machen war, sondern frontal gegen den Höhenkamm, wo seine Artillerieoffiziere deutlich durchs Glas bewegtes Leben und Vorschieben von Kolonnen wahr= nahmen. Und dies legte der erfahrene — übrigens theoretisch keineswegs ungebildete, wie man landläufig wähnt — Sieger von Skalitz als ein Verlassen und Davonlaufen aus. Offenbar glaubte er seit Nachod, daß Durchschreiten von Engpässen seiner militärischen Gesundheit besonders zuträglich sei und daß man einen Le Boeuf am besten vorn bei den Hörnern packe.

„Das Avantgardenregiment hat sich hinter St. Hubert links auf den im Weichen begriffenen Feind zu werfen, es wird seine Attaken auf dem Glacis von Metz (!!) endigen, alles hat diesem Regiment zu folgen!" erging Ordre an Kavalleriedivision Hartmann. Und Zastrow wollte im Ansinnen des Unmöglichen doch hinter Freund Steinmetz nicht zurückstehen, nur sein Artillerie= general v. Zimmermann beugte dem völligen Untergang der west= fälischen Artillerie vor, indem er den Stabsoffizieren seiner Waffe bei Übermittelung der wahnsinnigen Ordre „südlich der Chaussee am jenseitigen Höhenrand aufzufahren" zuflüstern ließ: „Machen Sie sich irgendwas zu thun, als ob Sie nicht gleich aufprotzen können, damit Zeit gewonnen und die Katastrophe verzögert wird."

All diese bis zum Schlusse der jetzt vollbrennenden Schlacht aufgehäuften Menschenmassen machten dem Feind nicht bange; je drückender die Übermacht, desto mehr wuchs seine Gewißheit, ihrer

Herr zu werden, angesichts solcher Maßnahmen. Steinmetz murrte, Zastrow brummte, Goeben wurde sehr einsilbig und Moltke schwieg.

Der später hier auftauchende General Fransecky, klein und lebhaft, wie er war, ließ hier auch noch seine stechenden, unsteten Augen umherschweifen und schwatzte erregt, ohne sich jedoch irgendwie besser über die Lage orientieren zu können. Er hatte heut ebensowenig einen guten Tag, wie die andern Führer.

Die Neunundzwanziger, welche Goeben soeben vorschickte, wanden sich noch nicht durch den Paß, den gleichzeitig ein langer zäher Darm von Verwundeten und Versprengten durchschnitt, auch legte man Drahtzäune am Ostausgang des Hohlwegs noch nicht völlig nieder, als die Kavallerie und Artillerie antrabte. Reiterei in Zügen, Fußvolk in Sektionen, Batterien zu Einem, hastete diese eifrige Dreifaltigkeit in den Hexenkessel hinein. Verstärken, unterstützen, verfolgen, was sollte man eigentlich? Wie die Massen sich in die Schlucht stürzten, floß ihnen Angstschweiß der Bestürzung herab!

. . „Sie schießen ja ausgezeichnet, Sergeant, Sie werden guten
Erfolg haben," klopfte ein hoher Herr dem Geschützführer Völker
in der schweren Batterie Lemmer auf die Schulter. Prinz Adalbert
der Admiral suchte mit gewohnter Tapferkeit das Feuer auf, das
er zu Wasser nicht finden durfte. So ritt er hier zur westfälischen
Korpsartillerie heran, die aus dem Ognons=Wald durchs Mance=
thal von Ars um zwei Uhr heraufkam und mit schon geladenen
Stücken südlich von Gravelotte neben einer Scheune in Stellung
ging. Bald befanden sich hier die reitende Batterie Hasse und
leichte Gnügge sowie die leichte Trautmann und schwere Lemmer
in erfprießlicher Thätigkeit und spielten den Mitrailleusen am gegen=
überliegenden Hange übel mit. Prinz Adalbert saß ab und ver=
folgte durchs Fernglas die Wirkung der Schüsse, ließ auch den
Völker, dessen Brust die hannoversche Langensalza=Medaille zierte,
durchs Fernrohr beobachten, wie seine Granaten genau im Ziel
krepierten.

Plötzlich kam Steinmetz' Artillerieleiter General v. Schwartz
herangesprengt: „Sofort auf den jenseitigen Thalrand hinüber, um
die Infanterie zu soutenieren." Hauptmann Lemmer erlaubte sich
die Bemerkung, daß nur die eine hohlwegartige Straße hinüber=
führe, ward aber barsch abgefertigt und kommandierte also rasch:
„Aufprotzen!"

Nun begann eine tolle Fahrt. Auf dem schmalen Damm
flossen unaufhörlich Verwundete und Verkrümelte ab und hemmten
den Durchgang. Dennoch waren Hasse und Gnügge bald schon
durch, die Chefs in sausender Gangart vorneweg, Geschütze und
Rosse dumpf den Boden schlagend, wie eine Staubsäule vom Sturm=
wind wirbelnd entführt, eine Sandtrombe vom Samum davon=
getragen. Wer aber herauskam bis zum oberen Hang, stand sofort
in schwerster Feuerzone, die einem Geschütz Trautmanns sogleich
Bespannung und Bedienung raubte. Die leichte und die schwere
Batterie wollten eben, endlich am Ausgang angelangt, die Zug=
pferde antreiben und über die Mancebrücke hinauftraben.

„Halt, Unteroffizier, sind Sie blind?" schnaubte ein Ulanen=
major den vorderen Zugführer an, und quer vor dem ersten Geschütz
trappelte eine Reiterbrigade vorbei. Auch sie hatte Steinmetz vor=
geschickt, den angeblich weichenden Feind zu verfolgen. „Was will

denn die Kavallerie hier? Ist mir nicht klar!" brummte der Batterie=
chef. Ja, den pommerschen Ulanen war es noch weniger klar, als
eine Menge von ihnen abgeschossen wurde und reiterlose oder ver=
wundete Pferde vollends den Weg sperrten. Batterie Trautmann
konnte sich noch vorher durcharbeiten, Batterie Lemmer mußte am
Ausgang halten. Ihr erstes Geschütz, von ihr abgeschnitten, fand
endlich Raum zum Vortraben und war draußen. Hauptmann
Trautmann lag schon schwerverwundet am Graben, tote und ver=
wundete Kanoniere um ihn her. An der engen Wegemündung
warten, hieß sich vernichten lassen, Völker bog also rechts aus und
erreichte wirklich die Stellungen bei St. Hubert, wo Hasse und
Gnügge im Feuer standen. Mit voller Protze und noch vollzähliger
Bedienung machte Völker sich an die Arbeit, doch diese Fülle hatte
bald ein Ende. Granaten fehlten, Leute und Pferde fielen, zuletzt
noch ein Vordersattelpferd, und der tapfere Unteroffizier fand es
geraten, Anschluß an seine Batterie zu suchen. Wo war denn die?
Wo er sie verließ, fand er sie unfern wieder — noch in Kolonne,
nicht mal zum Auffahren gekommen. Der Batteriechef tot, ein
Teil der Mannschaft und Bespannung in ihrem Blute schwimmend,
festgefahren auf ungangbarem Waldweg, wohin man seitwärts aus=
bog, weil die Straße versperrt.

„Gut, daß Sie da sind, Völker! Fassen Sie an oder die
ganze Batterie geht flöten!" Verzweifelt mühte sich Leutnant
v. Rothenburg, den Rest in den nahen Wald von Vaux zu retten.
Doch nur Völkers Geschütz und noch eine Protze, dazu die Ver=
schlüsse der andern unbespannt stehenbleibenden Achtpfünder —
nur sie aus dem Krater herauszuführen und übern Mancegrund
zurückzubringen, reichten die Kräfte noch aus . .

Die unglaubliche Idee des alten Steinmetz, die Kavallerie=
division Hartmann nebst der Korpsartillerie hinüberzuschmeißen, trug
vollends Verwirrung in den ohnehin schon tollen Kampfstrudel
hinein und zerstörte den letzten Rest von Ordnung. Bereits glitten
die Achtundzwanziger in Masse abwärts nach dem Mancethal, und
Oberst v. Rosenzweig mußte seine ganze Autorität gebrauchen, um
die Versprengten wieder vorzuführen. Auch der Kommandeur der
Siebenundsechziger hatte alle Hände voll zu thun, und die „rechte
Hand" des braven und begabten Generals v. Strubberg, sein

Adjutant v. Carlowiß, mußte gehörig zugreifen, um das Chaos zu lichten. Der Zuspruch ihres allverehrten Generals bewog zwar die sonst so tüchtigen und beherzten Regimenter zu erneutem Stand= halten. Aber die Hälfte der Offiziere schied in Division Weltzien tot und verwundet aus der Front, die keinen Zusammenhang mehr besaß und in einzelne Gruppen zerfiel. Die Kräfte gingen völlig zur Neige, als die noch frische Brigade Gneisenau in Richtung auf Moscou vorrückte und der erschöpften Schlachtlinie einen neuen Impuls gab. Jedoch von kurzer Dauer. Auch das Vorziehen der vier Batterien der Division Barnekow, bisher unberührt, be= wirkte wenig, da die französische Artillerie in ihrer verdeckten Stellung, hinter die sie sich verstummend verbarg, gar nicht ant= wortete. Sie paßte nur auf Gelegenheit, mit aufgesparter Feuerkraft plötzlich loszudonnern, wenn sich Massenzielscheiben zeigten, und das Vorstoßen des eigenen Fußvolks durch ein jähes Schnellfeuer einzuleiten. Diese Zielscheiben gewährten freundlichst die Batterien und Schwadronen, die sich in der Thalenge kreuzten.

General Zastrow, der gleichfalls seine letzten Reservebatterien nach vorne zog — außer einer Goltz beigegebenen Batterie gegen= über Vaux —, hatte im ganzen zehn Batterien hinüberwerfen wollen, doch durchschnitt die Kavalleriedivision die Mitte dieser langen Kolonne, so daß sechs umkehrten und wieder östlich vom Gravelotter Fahrweg diesseits sich postierten. Batterien Trautmann und Lemmer vermochten ja nicht mal aufzumarschieren, ihre ver= wundeten Gäule gingen mit den Protzen thalwärts durch und vermehrten den Tumult. Dieser war schon groß genug.

Die rheinischen und westfälischen Husarenregimenter nahmen glücklicherweise Rücksicht auf die Straßenverstopfung durch die Artillerie und hielten sich zurück, auch stand General v. Hartmann davon ab, die schwere Brigade Lüderitz auch noch einzusetzen. Immerhin blieben die Reiter eine Weile, zu Dreien abgebrochen, im Straßenengpaß, wo Geschosse jeder Gattung unaufhörlich hineinrollten. Ein wahres Wunder, daß man noch so glimpflich davonkam. Auch die reitende Batterie Preinißer hatte dies wahnwitzige Abenteuer mitgemacht und kehrte befriedigt um, übrigens bluteten der Chef und zwei Leutnants. Dagegen ritt der Kommandeur der an der Tête be= findlichen pommerschen Ulanen bis St. Hubert vor. Er traf hier den Befehlshaber der westfälischen Korpsartillerie, der mutig den beginnenden Heldenkampf seiner Batterien Hasse und Gnügge in nächster Nähe beobachtete.

„Herr Kamerad, was suchen Sie hier? Thätigkeit für Kavallerie völlig ausgeschlossen! Sehen Sie sich diese Gefechtslage an!"

„Was will man machen!" gab jener achselzuckend zurück. „Es ist befohlen! Excellenz Steinmetz scheint wirklich schlecht orientiert zu sein! Wie konnte nur der Einfall entstehen, der Feind sei gebrochen!"

Der Artilleriekommandeur lachte bitter, da soeben wieder in die bloßliegende Rechte der Batterie Gnügge ganze Ladungen von Mitrailleusen- und Chassepotkugeln einschlugen und sogar vom Rücken her Geschosse aus Point du Jour heranpfiffen. „Hier an Ort und Stelle merkt man das Gegenteil! Wenn wir nur nicht selber zusammenbrechen! Nun — wohl bekomm's!" Der Ulanenführer holte wirklich sein Regiment im Galopp vor und ritt mit Front gegen Point du Jour auf. Da die Chassepotkugeln zu hoch über die Köpfe weggingen, hielt die Ulanenschar wohl eine halbe Stunde hier aus. Eine Massenbatterie Leboeufs, die sich westlich von Moscou zusammenzog, sandte alsbald ihre Eisenboten in die Weiche des Regiments, das gradewegs wieder zur Mancemühle hinabritt, um weitere unnötige Opfer zu vermeiden.

Plötzlich erhob sich ein Schrei von Entsetzen und Zorn. „Die Standarte fehlt!" Leutnant Schmidt und Unteroffizier Dux mit einem Dutzend Ulanen brachten erst nach langer Irrfahrt die Wiedergefundene heim . .

Das wüste Gedränge, der Mischmasch von Versprengten und Verwundeten, deren Anwesenheit wenig förderlich die Besatzung des Pachthofs und der Steinbrüche störte, auch mehrfach bis zur Nacht Artilleriefahrzeuge in ihr Flüchten verstrickte und noch kampffähige Trupps mit sich rückwärts riß — dazwischen die Trümmer der ruinierten beiden Batterien — der heroische, aber augenscheinlich verzweifelte Gefechtsstand der beiden anderen in der Schützenfront — der ungünstige Abzug der Reiterei — das alles übte keinen sonderlich erfrischenden Einfluß auf die mürbe zerschossene Infanterie und ging keineswegs spurlos an ihrem inneren Gefüge vorüber. Nur die angeborene Tüchtigkeit des deutschen Soldaten und die Aufopferung der Führer überstand und überwand die schwere Bedrohung. Nachdem Steinmetz' Schwert an der noch fest=gelöteten Rüstung des Gegners zersplittert, holte dieser selbst zum Schlage aus. Mit Schnelle, Gewandtheit und Kühnheit wälzten sich unter betäubendem Massenfeuer aller Geschütze und Gewehre dichte Tirailleurschwärme allenthalben thalab, wie Federbälle in leichten Sätzen von Strecke zu Strecke springend.

Dreimal hintereinander ergriffen Leboeuf und Frossard nach persönlicher Verabredung die Offensive. Dies war die erste, und die letzte stieß grade in die Kolonnen hinein, die soeben über Rezonville herankeuchten: die schweißtriefenden Pommern! Nach unerhörtem Gewaltmarsch, noch schlaftrunken bei Nacht angetreten! Sobald sie, von Moltke und dem König selber um Hilfe ange=rufen, ihre Helme über dem Höhenrand erhoben und ihre Massen durch den verhängnisvollen Hohlweg hindurchquetschten, kam ihnen der letzte, sehr gut geleitete Gegenstoß der Rothosen entgegen . . .

Bei dem um halbsieben Uhr erfolgenden größten Vorstoß gerieten Teile der Neununddreißiger, die zur Entlastung der Drei=unddreißiger nach jenseits hinübergingen, mit letzteren durcheinander, und ein versprengtes Häuflein von achtundachtzig Mann ganz nach rechts irrte zu den großen Steinbrüchen von Rozerieulles=Point du Jour, die dreieckig von der Chaussee südwestlich gegen den Vaur=Wald vorspringen. In ihren Ausläufern, ein paar riesigen Fels=blöcken, noch nicht achthundert Schritt von der Chaussee entfernt und sich dorthin auf fünfhundert Schritt erweiternd, im Innern durch steile Seitenwände in fünf Abschnitte geteilt und von zwei schmalen Einfahrtwegen gekreuzt, boten sie einen Zufluchtsort als Deckung, von dem aus man leicht Point du Jour flankieren und die feindliche Stellung unhaltbar machen konnte. Das dorthin ver=schlagene Häuflein unter Hauptmann Wobeser und Leutnants Eltester und Hengstenberg, dazu zwei Fähnriche, fand den Steinbruch vor=übergehend ganz leer. Denn die Franzosen hatten von hier aus einen Anlauf genommen, der alle vor dem Walde liegenden Schützen waldwärts hinabtrieb, jedoch vor Schnellfeuer zuletzt zerschellte.

Während nun die geworfenen Teile im Walde durcheinander=wirrten, stürmte das besagte Häuflein von Tapferen, das am Waldrande aushielt, blitzschnell auf den Steinbruch los. „Mit Gott und vorwärts!"

Unterwegs putzte eine Mitrailleusensalve zwanzig Mann weg, welche jedoch bald ersetzt wurden, insofern Leutnant Leydel mit ein paar Dutzend Gesammelter vom Waldrand her folgte und immer mehr vereinzelte Trupps dem Steinbruch zustrebten. Die Schar Wobesers, meist von zweiter Kompagnie Neunundbreißiger, wie Sergeant Hilbig, Gefreiter Thelen, Gemeiner Mebus, die sich mit besonderer Unerschrockenheit benahmen — Thelen fiel, Mebus ward schwerverletzt, als er zuerst in den Bruch hineinsprang — drang auf dem Einfahrtwege von den Kiesgruben her, wo noch Ostpreußen in Menge lagen, bis zur äußersten östlichen Wand hart an der Chaussee, die nur hundert Schritt davon entlanglief. Eben marschierte eine französische Kompagnie dort nach Süden vorüber. Von Schnellfeuer überrascht, zerstob sie unter dem Schreckensruf: „Der Steinbruch ist in Feindeshand!" Dies konnte natürlich nicht geduldet werden. Eine andere Abteilung bog von der Chaussee ab und warf westlich vom Steinbruch neun Salven hinein, um sodann ihren Marsch fortzusetzen. Aber Schnellfeuer sprengte sie, und einem dritten Haufen ging es nicht besser. Diese Kompagnien gehörten zu Frossards Offensivschwärmen und gingen teils vorwärts, teils wieder in ihr früheres Verhältnis zurück, sorglos am Steinbruch entlangziehend, den sie von Franzosen besetzt glaubten. Als sich diese unliebsame Kunde verbreitete, erfolgte ein ernstgemeinter umfassender Angriff verschiedener Schwärme, freilich mit unzureichenden Kräften in Anbetracht der hohen Wichtigkeit des verlorenen Postens, und auch er endete schlimm. Nur an ausgestreckten Beinen wurden fünfundzwanzig Preußen durch Salven verwundet, Schnellfeuer schien dem Feind gegen die Steinwände nicht angebracht.

„Mit so Wenigen können wir den Bruch nicht halten, ich muß Unterstützung holen!" rief Wobeser, als man plötzlich Rückenfeuer vom Waldrand erhielt. „Das sind Unsere! Ich will hin, sie aufklären!"

Es dunkelte schon, die einsamen Pappeln an der niedergebrannten Meierei blieben kaum noch erkennbar, als die Pommern über Gravelotte emporrückten. Ihre Batterien fanden keinen Platz mehr in der überfüllten Artillerielinie, nur zwei versandten noch einige Schüsse ins dichter und dichter werdende Dunkel, aus welchem ein unerhört heftiges Massenfeuer entgegensprühte. Als Moltke

mit dem Generalstab ans Regiment Colberg heranritt, ging der
Tag zur Rüste. Sein letzter Schimmer umspielte ein Meer von
flimmernden Helmen.

Die pommerschen Jäger durcheilten zuerst die Enge und nisteten
sich am Waldrand südlich Point du Jour ein. Ihre Büchsen
waren's, die den Steinbruch unter Schuß nahmen, da nach der
allgemeinen Lage unmöglich gehofft werden konnte, an diesem weit
vorgeschobenen Posten Deutsche zu treffen. Der tüchtige Wobeser
klärte die Jäger persönlich auf, mit Lebensgefahr übers Feld, das
beide Parteien bestrichen, zum Walde eilend. Er brachte eine Jäger=
kompagnie mit, die rechts rückwärts am äußeren Bruchrand eine
Feuerkette bildete. Einen anderen Jägerzug nahm er mit in seine
Steinveste hinein. Es ging schon auf neun Uhr, als hier neue
dunkle Massen sich vorschoben. „Horch, Trommelschlag, das sind
keine französischen Hörner. Ruft: ‚Hurrah, Preußen!'" Aber
französische Salven antworteten. Plötzlich nahte da ein geschlos=
sener Schlachthaufe. „Hurrah, Preußen?!" Schon von Norden
her? „Elfte Kompagnie Vierundfünfziger!" „Hurrah, Lands=
leute!" Die verirrte und von ihrem gegen Moscou stoßenden
Regiment abgekommene Kompagnie stieg hinein und besetzte die
Querwand. Gleich darauf rannten Franzosen an, erreichten sogar
den Südrand des Steinbruchs und schossen fast senkrecht hinein.
Nochmals mußten sie weichen, aber nun übermannte das Häuflein
ein drückendes Bewußtsein der einsamen Gefahr. Um nicht ab=
geschnitten zu werden, räumte man nach kurzer Beratung den ent=
scheidenden Posten. — —

Gegen die endlose, faltenlos aneinandergeschmiegte Rauchwand
drüben, aus welcher die Flammen der Gehöfte gen Himmel schlugen,
wälzte sich immerfort eine ungeheure Staubsäule über der Mance=
schlucht, sonneverfinsternd und undurchdringlich. Und was sie ver=
barg, war ein Chaos. Geordnete und Ungeordnete, Verwundete
und Unverwundete strömten immerfort einander entgegen und ver=
mengten sich. Denn bis zur Nacht setzten frische Schlachthaufen
hinüber, bis zur Nacht rannten schreiend und tobend Versprengte,
schleppten Verwundete sich umgekehrt nach diesseits hinab. Da
dies Gedränge gegenseitigen Stoßens und Schiebens oft lange auf
dem gleichen Flecke stockte, so lasteten die Staubwolken so dauernd,

daß sie dem Feind ein nicht zu fehlendes Ziel gaben. In sie hinein regneten also die Geschosse, und die Unheimlichkeit wuchs zum Grausen, weil die Truppenkolonnen sich gegenseitig in dieser erstickenden Staubhülle nur noch fühlen, nicht mehr sehen konnten. Nur ihr wildes Durcheinanderschreien verriet einander die Nähe.

So war's gewesen, als sämtliche Munitionskarren der Batterie Trautmann mit scheugewordenen Gäulen am oberen Ende der Straßen=enge entgegenrasten, eine halbe Stunde lang die Stockung der hinteren Kavalleriemassen dauerte, die vorderen Batterien an ihnen vorbeischossen und endlich das Signal „Kehrt" die nervenzerrüttende Spannung löste. Ungewöhnliches verlangen, mag für rücksichtslose Steinmetzerei seinen Reiz haben, aber Unausführbares fordern, das ist Metzgerei, krankhaftem Gemütszustand entsprungen.

Da infolge jener List des Artilleriekommandanten, dessen ge=sunder Menschenverstand sich mit so Unsinnigem nicht befreunden konnte, nachfolgende Artillerie Aufschub erhielt und erst die Kavallerie vorbeiließ, ward sie bei deren Rückkehr vor dem Ungeschick be=wahrt, sich auch noch anzuhängen, und kehrte ihrerseits wieder zum vorigen Posten zurück. Allein darüber verging eine halbe Stunde aufgeprotzter Unthätigkeit, und die hierdurch erleichterte feindliche Artillerie benutzte schleunig die Pause, um ihrerseits den Angriff der vorgehenden Massen niederzuhalten. General v. Zimmermann und Oberst v. Sarnowski, vorausgeritten, hatten damals Auffahren bei St. Hubert als aussichtslos beurteilt.

Nachdem das Vordergeschütz Trautmanns mit erschossenen Gäulen neben dem hagern, unwirschen, aber wildenergischen Bat=teriechef liegen blieb, schafften nur ein Sergeant, drei Kanoniere noch zwei Geschütze zurück, alle übrigen stehen lassend unter einziger Bewachung des blutüberströmten Trautmann, der sich mit übermenschlicher Anstrengung zu seinen teuren Stücken am Boden hinschob und langhingestreckt immer noch durchs Schlachtgeheul Kommandos kreischte. Dennoch waren ja die dritte leichte und dritte reitende Batterie wie der Blitz durch und aufgefahren. Mit einem Wink der Hand ihre Stücke gegen Moscou herum und ihre Leute von den Pferden reißend, harrten Hasse und Gnügge so musterhaft in dieser Feuerhölle aus, daß ihre unhaltbare Auf=stellung dennoch lange gehalten ward. Umsonst fegte Chassepot=

hagel von Point du Jour in ihre Flanke. Gleich anfangs mußte bei Hasse ein junger Leutnant das Kommando übernehmen, weil Hasse selbst und zwei ältere Leutnants verwundet. Aber der kleine Batteriechef fand sich sofort wieder bei seinen Geschützen ein und stellte die Ordnung wieder her, Treffer auf Treffer hinübersendend.

Umsonst zerreißt heulendes, kreischendes Aufschlagen den Achssitz eines Geschützes, umsonst breiten sich Haufen von Pferdekadavern aus, umsonst wird die Bemannung derartig weggeputzt, daß bald nur noch Hälfte der Batterie und nach zwei Stunden ein Geschütz bedient werden konnte. Bewegungsunfähig, ohne Munition, erstarb die Batterie zu einem dunkeln, machtlosen Klumpen.

„Eher sterben als zurückgehen!" Und als Hasse endlich mit Gewalt weggeholt wurde, da hielt Gnügge unermüdlich bis zum bitteren Ende aus, von Goeben selbst um sechs Uhr darin bekräftigt. Ein erhebendes Muster von Heldenruhe, wo alles auseinanderbarst! . . .

„Der Feind ist offenbar verrückt geworden!" beurteilte Leboeuf kopfschüttelnd durchs Glas all diese unglaublichen Vorkommnisse, wie die hervorquellende Kavallerie den Straßenausgang versetzte, die Ulanen vor der Front am Walde sogar das preußische Gewehrfeuer einige Zeit verdeckten und unförmliche Klumpen von Fußvolk und Geschütz sich aus der Enge hervorwälzten. Es war ein Staunen ohne Bewunderung, wie man Todesverachtung eines Nachtwandlers oder Tobsüchtigen mit Widerwillen betrachtet.

Nicht so gleichgültig ließ den General Frossard die teilweise Eroberung des Steinbruchs durch die Ostpreußen, wo seine Achillesferse lag. Auf der Stelle stieß er I II 55 und je ein Halbbataillon von I 76 I 77 in dieser Richtung vor, und vollständiger Erfolg krönte die schnelle Thatkraft. Besonders Kommandant Brauneck vom I 76 drang mit fünfzig Troupiers zuerst in die Steingruppe ein. Steinbrüche und sogar noch die Kiesgruben rückgewinnend, warfen die Franzosen die Brigade Wedell über den Haufen und in den Vauxwald hinein, wo aus Versehen gegenseitiges Beschießen in den preußischen Reihen wilden Schrecken erzeugte. Wäre dieser Frossard'sche Vorstoß über die Chaussee gelangt in den Rücken der Batterie Gnügge, von wo man nur dreihundert Schritt entfernt blieb, so mußte St. Hubert aufgegeben

werden. Allein, es scheiterte soeben ein Anlauf Leboeufs gegen
die nämliche Batterie und schrammten frische Neunundzwanziger an
ihr vorüber, teilweise St. Huberts Umgegend besetzend, teils bis
auf zweihundert Schritt an Point du Jour heranbringend. Außer=
dem griffen jetzt die Neununddreißiger ein, da Zastrow die Brigade
Conrady gleichzeitig mit Goebens Brigade Gneisenau vorschickte,
um doch endlich etwas zu thun! Viel zu spät erhielt auch Brigade
Goltz Auftrag, gegen die äußerste Linke Frossards bei Jussy aus=
zuholen.

Das Vordringen von Point du Jour her nahm solche Aus=
dehnung an, daß Chassepotkugeln schon vor sechs Uhr bis Grave=
lotte hinfegten, Kürassierrittmeister v. Buddenbrock im Gefolge des
Königs verwundeten, der sich hier den historischen Granaten aus=
setzte wie bei Königgrätz, und dem Prinzen Adalbert das Pferd
unterm Leibe töteten, in Steinmetz' Umgebung und Goebens Stab
sich Opfer suchten. Goebens erster Adjutant, Major v. Aweyde,
sein Ordonnanzoffizier Major v. Wulfen und Adjutant Graf Wester=
holt von den Königshusaren bluteten, ebenso Divisionsadjutant
Hauptmann Rhode.

Doch schnelle Hilfe kam zu rechter Zeit. Oberst Eskens über=
schritt mit den Neununddreißigern das Mancethal und schob sich
in die Kampflinie hinein, seine Schützen bis zu den gefährdeten
Batterien der Korpsartillerie vor, zwischen deren einzelnen Geschützen
sie sich feuernd einnisteten. Entlang dem Feldweg, der südlich St.
Hubert den Berg durchschneidet, unterhielten die von Spicheren her
an solche Bergkämpfe gewöhnten Niederrheinländer ein lebhaftes
Feuer. Wie dort erfreulich bemerkbar, munterte auch hier Frei=
williger Jordan minder Beherzte durch Wort und Beispiel auf.

So entschlossenes Auftreten beruhigte die merklich geschmolzenen
und gelockerten Haufen, die buntgemischt den Abhang bedeckten.
Doch der Rückschlag erwies sich noch stark genug.

Das Brandenburger Regiment kam ganz auseinander. Ein
Bataillon, durch das Holz in die Manceschlucht hinabgetrieben,
blieb dort stecken, das andere sammelte sich an der Waldecke, das
dritte hinter St. Hubert, von wo es durch Flankenfeuer in die
Steinbrüche verscheucht ward. Ebendort lagen die Füsiliere der
Ostpreußen, das zweite Bataillon in den Kiesgruben und im daran

stoßenden Waldrand eine Hälfte des ersten Bataillons, dessen andere
Hälfte nach St. Hubert versprengt. Die Kiesgruben überschwemmte
ein Anprall der Franzosen; alles floh in den Wald . . .

Von vierundachtzig Pferden nur sechsundzwanzig übrig be=
haltend, sah sich Batterie Hasse jeder Bewegungsfreiheit beraubt
und endlich, schon um fünf Uhr, zum Abzug gezwungen, nachdem
siebenunddreißig Mann, fünfundsiebzig Pferde verloren. Dies be=
werkstelligte der heldenhafte Hauptmann erst nach wiederholter Ordre
des Abteilungskommandeurs Major Coester, welcher Vorgesetzte
frische Vorspannpferde selbst herbeibrachte. Ein Teil dieser Pferde
fiel sogleich, im Schritt ging es langsam rückwärts, Reiter und
Fahrer zu Fuß, die letzte Protze vom Major selber bewacht und
fahrbar gemacht. Ihre Schwerverwundeten auf die durchlöcherten
Protzen packend, zog die ruhmreiche Batterie feierlich am Fußvolk
vorbei thalab, das ehrfurchtsvoll grüßte.

Batterie Gnügge beharrte auf ihrem verlorenen Posten. Um sie
her am Vorwerk scharten sich Teile von sechs Regimentern Goebens.
Die rheinischen Jäger aber bildeten nach wie vor den unaufgelösten
festen Kern, wie weiter rechts südlich der Chaussee die niederrheinischen
Neunundreißiger, an die sich Ostpreußen und Brandenburger in
gesonderten Gruppen anlehnten. Dagegen hatten die Rheinländer
Neunundzwanziger und Neunundsechziger (Hundsrück=Gegend) eine
böse Stunde hinter sich nördlich der großen Straße und ruhten
erschüttert davon aus. Mit ungewöhnlicher Tapferkeit wiederholten
erstere den schon so oft gescheiterten Vorstoß auf Moscou, bis vor=
stürzende feindliche Massen sie teils gegen den Wald abdrängten,
teils sie nach St. Hubert versprengten. Der Regimentskommandeur
v. Blumröder, die Majore Eltern und Döring sanken schwergetroffen.

Mit rücksichtslosem Opfermut setzten weiter links auch die Neun=
undsechziger an, deren Linke ins Waldgefecht im Bois des Geni=
vaux hineingeriet, deren Rechte unter Major v. Hadeln auf freiem
Feld gegen Moscou anlief. Umsonst. Hadeln ward verwundet,
blieb aber bei der Truppe . . .

Die am äußersten rechten Flügel seit vier Uhr anrückenden
Westfalen der Brigade Goltz nahmen anfangs den Kirchturm von
Vaux zum Richtziel, drängten aber den Feind immer weiter darüber
hinaus. Sie warfen in dreistündigem, scheinbar glänzendem Gefecht

97. ligne der Brigade Lapaffet von Bufch zu Bufch durch die
Weinberge auf Juffy und St. Ruffine, überftiegen Barrikaden,
fäuberten Gärten, vermochten aber den eigentlichen Höhenrand von
Rozerieulles nicht zu erreichen. Das 84. ligne blieb dort ganz
unberührt in Referve. Außer der Brigadebatterie Lapaffets ver=
teidigte noch eine hierher entfandte Gardebatterie diefen Boden=
abfchnitt, auch wurde die Hauptartillerie Froffards nordweftlich
Rozerieulles aufmerkfam, und das Bergfort St. Quentin fandte
fogar Riefenbomben hierher. Bazaine, perfönlich an diefer Stelle
erfchienen, in heller Beforgnis um Verbindung mit Metz, von feiner
fixen Idee befangen, brachte einen Teil der Armee=Artilleriereferve
in Thätigkeit gegen diefe kecke Demonftration einer fchwachen Bri=
gade, indes auch am andern Ufer Manteuffels Oftpreußen ihn in
Alarm hielten.

Mehrfache Verfuche des Korps Zaftrow, füdlich der großen
Steinbrüche Feld zu gewinnen, fcheiterten ebenfofehr, wie ein ziem=
lich matter Vorftoß der Brigade Rex unter perfönlicher Führung
des Divifionärs Barnekow. Gleichzeitig brachen nochmals im
Sturmfchritt Neunundfechziger in Richtung aufs Chauffeeknie vor,
fo daß die feindliche Offenfive eine kräftige Hemmung erfuhr. Aber
jetzt erhob fich ein folches Kreuzfeuer, daß Brigade Rex wich und
der überaus rührige Major v. Hadeln wie ein Held fiel. Mit ihm
Hauptmann Struck. Oberft Beyer v. Karger nebft drei Hauptleuten
verwundet. Nur aus St. Hubert und den kleineren Steinbrüchen
ward der vordringende Feind, der bereits Batterie Gnügge an
ihrer Gartenmauer bedrohte, mit kühler Ruhe befchoffen, obfchon
dahinter ganze Maffen führerlofer Mannfchaften ins Mancethal
flüchteten und die Panik der zahllofen Verfprengten wie ein reißen=
der Strom das Gefilde überfchwemmte. Trotz aller äußeren An=
zeichen vollftändiger Niederlage, als die Franzofen das ganze
rheinifche Korps vor fich her zu treiben fchienen, behaupteten alle
Vorderabteilungen in Waldrändern, Gruben und am Gehöft aus=
dauernd ihren Platz. Dahinter freilich fah es troftlos aus und
das Mancethal glich einer Teufelsfchlucht, wo verdammte Seelen
ängftlich hin und her irren.

Inmitten folchen Wirrwarrs fchritt die hohe, hagere Geftalt
eines bebrillten Mannes langfam im vollen Kugelhagel die Chauffee

hinauf bis St. Hubert. Ein begeistertes Hurrah der Rheinländer
grüßte, wo er gelassen und sorglos, die Hände auf dem Rücken,
vorüberschlenderte: Goeben selber gab hier durch seine Gegenwart
einen moralischen Halt. Wo Hadeln, die Fahne in der Hand, beim
Abendglühen in sein Blut fiel, richteten alle Fahnen sich wieder
flatternd auf . . .

Im krausen Wirrwarr schoß niemals der Plan zu etwas
Großem und Ganzem auf. Während die Franzosen atemschöpfend
sich aufs neue sorgfältig in ihren Stellungen einrichteten und Lücken
ergänzten, begnügte man sich deutscherseits, aus all den schon ab=
geschmetterten Regimentern und Kompagnien einen lebendigen Wall
vom Walde bis an den Hubertshof heran anzuhäufen, vor dessen
äußerster Ecke Batterie Gnügge allein und einsam prangte. Sie
einzig führte eigentlich den Kampf noch fort, da das mürbe Fuß=
volk auf solche Entfernung das Schußgefecht einstellte und sich nur
gegen neue Vorstöße des übermütig werdenden Gegners bereithielt.

Aber auch Moltke that nichts, um etwas mehr Klarheit in die
Lage und Sicherheit in die Auffassung zu bringen. Steinmetz er=
füllte wenigstens hierin seine Pflicht, daß er das Hauptquartier
dauernd über jeden Vorfall im Laufenden erhielt, dagegen ließ ihn
Moltke ohne jede weitere Weisung und Aufklärung über den Gang
der Gesamtschlacht. Freilich lief erst um fünf Uhr durch General=
stabsoberst v. Brandenstein Nachricht von Prinz Friedrich Karl ein,
wie es am linken Flügel stehe. Steinmetz hoffte nun, wie er
meldete, Entlastung für sich durch Prinz Friedrich Karl. Daß es
auch dort bis sechs Uhr wenig erfreulich stehe, erfuhr er nicht.

Statt dessen hätte Moltke ihn auf eigenen kräftigen Flankenstoß
gegen Rozerieulles verweisen sollen, wozu ja Zastrow noch mindestens
zehn weitere Bataillone frisch vorrätig hatte. Manteuffel sandte
sogar vom rechten Moselufer, an welchem er mit Artillerie schwach
demonstrierte, eine Brigade nach Vaux, welche jedoch das Schlacht=
feld nicht mehr rechtzeitig erreichte. Die Fortschritte der Brigade
Goltz, die ein äußerlich so günstiges Aussehen hatten, beruhten
nur auf Schein, da Lapasset ohne eine Spur ernster Verteidigung
Vaux und Jussy sich abnehmen ließ. Der sonst so übereifrige
Goltz hielt es aber nicht für geraten, die eigentliche Stellung bei
Rozerieulles anzupacken. Umsonst erstattete Steinmetz' Unterstabs=

chef (Quartiermeifter) Graf Wartensleben perfönlich dem erft um
fünf Uhr bei Malmaifon eintreffenden Hauptquartier genauen Be=
richt. Es gefchah weiter nichts zur Einrenkung der verfahrenen
Schlacht, zur Ableitung der maßlofen Truppenanftauung auf einem
Fleck. zwifchen Straßenenge und St. Hubert, als daß auch noch
die Pommern aus Rezonville herberufen wurden.

Eine Viertelftunde vor fieben Uhr befahl der König eine
allgemeine Vorwärtsbewegung gegen Point du Jour, welcher auf
halbem Wege fchon eine gewaltige Offenfive Froffards entgegenkam.
Diefen mochte es wenig anheimeln, als er die impofante Maffe
der Pommern feit halbfechs Uhr auf Gravelotte losmarfchieren fah.
Auch Leboeuf merkte es auf der Kuppe von Leipzig und ftrich be=
treten den Knebelbart.

„Das find mindeftens zwei neue Korps, die ganze Referve=
armee des Königs von Preußen!" Diefe Schätzung täufchte fich
zwar, um fo ehrenvoller für Marfchall und General, daß beide
Korpsführer fofort übereinkamen, durch eigenen Vorftoß etwas Auf=
fchub zu gewinnen. Ihre Gefchütze, vorher geladen, rückten plötz=
lich wieder an den Höhenrand vor und dies plötzlich verdoppelt
anhebende Feuer beklemmte die Deutfchen. Leboeuf war jedoch
hierzu mit Verteilung feiner bereitgeftellten Referven noch nicht
fertig geworden, als fchon Froffards Tirailleurfchwärme, gefolgt
von regelmäßigen Sturmkolonnen, mit außerordentlicher Schnellig=
keit die deutfche Linie zwifchen St. Hubert und Bauxwald erreichten
und vollftändig überrannten. Da deutfcherfeits nirgends ordent=
liche Rückhaltkörper ausgefchieden, die Franzofen aber in mufter=
hafter Ordnung und taktifch vorzüglich geleitet waren, fo trat eine
jämmerliche Panik ein. Sinnberaubt, fchreiend, wie ums liebe
Leben wettelaufend, flohen Taufende und Abertaufende auf die
deutfche Artillerielinie zu, übers Thal zurück. Man unterfchied
kaum, ob diefe fchreckhaft heulenden Horden Deutfche oder Franzofen.

Hinausfprengende Artillerieoffiziere erkannten leider nur zu rafch
den ungewohnten und unglaublichen Anblick einer unzurechnungs=
fähigen, wahnwitzigen Feldflucht, deren man Preußen nicht für
fähig halten follte. Umfonft fuhren die Offiziere fie barfch an,
fuhren fogar mit dem Säbel dazwifchen: „Wir laffen euch nieder=
kartätfchen, wenn ihr nicht fteht!" Bar jedes moralifchen Halts,

taub gegen jede Stimme, als die der blinden Furcht, stürzten die
Massen zwischen die Geschützfront, ohne Scham die höhnenden Zorn=
rufe der Kanoniere ertragend, und erst weit hinten konnten Offi=
ziere aller Grade und Waffengattungen diese tolle Masse in ge=
ordnete Bahn ablenken.

Wie Frossards vorausgegangener erster Angriff durchs Auf=
treten der Brigade Conrady stockte, so dieser zweite, als Brigade
Rex auf den Höhenhang heraustrat. Durch deutsche Granaten
von Anfang an bei ihrem energischen Vorgehen begleitet und übel
heimgesucht, wichen die französischen Abteilungen eilig in ihre
Deckung zurück, brachten jedoch ein Nachstoßen der hohenzollernschen
Füsiliere sofort zum Stehen. Unerklärlicherweise ging neben Rex
auch das neunte rheinische Husarenregiment, wie früher die Königs=
husaren, über den Mancegrund und ritt westlich St. Hubert auf.

„Absitzen!" kommandierte Oberst v. Wittich unter heftigem
Chassepotfeuer. Der Unstern wollte, daß soeben die Trierer Reservisten
mit den Augmentationspferden eintrafen, deren wertvolle Zugabe
sich alsbald im Durchgehen der noch nicht schußfromm zugerittenen
Pferde zeigte, sobald der Kommandeur wieder „Aufsitzen" befahl.
Das „Kehrt — Marsch!" verstanden zwei Schwadronen scheuer
Rosse im Sinne rasenden Ausreißens. Hierbei ritten sie die eben
mühsam im Sammeln begriffenen Fußvolkklumpen bei Gravelotte
um und um, rissen auf der rechten Chausseeseite sämtliche dort
haltenden Gepäckwagen und Handpferde der Offiziersburschen mit
sich fort, und der ganze Strudel von Menschen, Pferden und Fahr=
zeugen, Infanteristen und Husaren wälzte sich bis Vionville.

Das Gros der Husaren blieb jedoch bei St. Hubert, offenbar zu
dem nützlichen Zweck, das Schußfeld der Neununddreißiger zu ver=
legen. Als Schwadron Ihlenfeld im Galopp rechts an der Ferme
vorbei auf Befehl Barnekows attakieren wollte, sah sie nur noch
zurückflutende deutsche Bataillone, hinter denen mächtige Tirailleur=
ketten aus dem Pulverdampf hervortraten. Denn Frossard rüstete
um diese Zeit schon ein drittes Vorprallen gegen die Pommern.

Diese hielt der König selber an, energisch vorzugehen, obschon
Moltke riet, davon abzustehen und die Truppe zu schonen, weil
schwerlich heut noch etwas in dieser Richtung erreicht werden könne.

Der König befand sich jedoch in sichtlicher Aufregung, fuhr schon

vorher Steinmetz heftig an, und seine gereizte Stimmung verlangte
endlich einen Erfolg zu sehen. Darauf wendete Moltke langsam
sein Pferd vom Könige ab und ritt abseits, suchte den Monarchen
auch erst bei Nacht wieder auf . .

Obschon Fransecky schon östlich auf Mancemühle leitete, einzig
möglichem Aufgang zur Hochfläche, mußte auf königlichen Befehl
wieder alles auf der Chaussee antreten. Ihr flotter Vorbei=

marsch in sehr erhebender Kampffreudigkeit trug die Pommern nacheinander bis St. Hubert hinauf. Da die Marschsäule eine zu lange Tiefe hatte, drängten sich die nachfolgenden Vierzehner an den Vierundfünfzigern vorbei, später noch alle andern Regimenter, so daß dies wüste Durcheinander wiederum die deutsche Führung nicht in Stand setzte, ihre festklebende Menschenmauer ins Rollen zu bringen, sich fächerförmig am Berghang zu entwickeln und einen entscheidenden Schlag zu thun. Als schämten sie sich ihrer Ohn= macht, erröteten die zahllosen flimmernden Waffen, geküßt vom Scheidestrahl der sterbenden Sonne! . . . . .

Da Goeben nach Verausgabung der Brigade Rex nicht einen Mann mehr in Reserve hatte, so würde jetzt ein Massenstoß von La Folie her zweifellos seine schwache Linke durchbrochen und die Artillerie bei Malmaison aufs äußerste gefährdet haben. Doch Leboeuf ermannte sich zu nichts Rechtem.

Der Aufstieg durch den Engpaß fiel natürlich jetzt noch schwerer, als früher: erst in grauer Dämmerung, die alle Umrisse verwischte, und dann in alles verschleiernder Finsternis. Hindernisse jeder Art sperrten und stopften den Weg: zerbrochene Protzen, stehen= gebliebene Geschütze, Leichenhaufen, Verwundetenströme, wilde Flut entgegenfliehender Versprengter, niedergebrochene Bäume, Haus= balken, Steinsplitter. Außerdem mußte die Artillerie, welche bei Tageshelle noch immerfort den Feind fesselte und niederhielt, jetzt Schluß und Feierabend machen. Die Linien von Freund und Feind verschwammen im Dunkel, so daß man kein Schußziel mehr unter= scheiden konnte. Auch das letzte Geschütz der Batterie Gnügge erstarb, schweigend harrte der Held mit seinen heldenhaften Leuten auf dem Platze aus, den er so lange ruhmvoll behauptet.

Diesem unerfreulichsten Schlußakt ging freilich eine harte Stunde voraus, in welcher Goebens Scharen noch tapfer genug ihren Stand bewahrten, dabei aber ihren letzten Vorrat von Mark und Nerven verzehrten . . .

Wo vordem ein riesiges Feld von Helmen, in seiner ganzen Tiefe erglühend unterm spätleuchtenden Abendschein, gegen die düstere Schlucht heranzuwallen schien, da blinkte kaum noch der Stahl. Dunkel breitete seine Schwingen um die Vorderreihen, die von der Pracht in ihrem Rücken nichts sahen.

„Da kommt Leutnant Vorposten!" Der Brigadeadjutant des Generals v. Strubberg, der wegen seiner Unermüdlichkeit diesen ehrenden Beinamen trug, kam auf seiner raschen englischen Stute durchs feuerbestrichene Blachfeld dahergejagt. Zwei Pferde waren ihm schon erschossen beim Angriff aufs Genivauxholz. Neben dem Roten Adler mit Schwertern, den er im Feldzug gegen Österreich erwarb, wollte er das Eiserne Kreuz erster Klasse gewinnen. „Her zu mir die Fahnen!" Er sammelte um die Feldzeichen alle verfügbaren Kräfte und trat mit diesen Scharen dem Vorstoß von Point du Jour kraftvoll entgegen. Ebenso scharte Unteroffizier Will mehrere Sektionen der Neunundzwanziger um sich. Dieser lag einige Schritt südöstlich von St. Hubert, südlich der Chaussee.

Als nun unaufhaltsam alles zurückdrängte, weder Avanciersignal noch Kommando halfen, donnerte er die Leute an: „Wo wollt ihr hin?" „Alles geht ja zurück," war die kleinlaute Antwort. „Wir müssen mit!" Dies willkommene Müssen veranlaßte schon seit Stunden ein nie versiegendes Absickern des Streiterbestandes in die Mancesohle oder die Waldung, dem Auge der Offiziere entschlüpfend und an behaglichen Plätzchen sich den Geschossen entziehend.

Aufspringend rief der Tapfre voller Zorn: „Müssen wir? Nein, wir gehen nicht mit, ich wenigstens nicht. Soll ich fallen, dann Kugel vorn und nicht im Rücken. Wollt ihr's anders?" Und er warf sich nieder und schoß, als wolle er ganz allein bleiben, wenn alle flohen. Aber das Beispiel zündete. Alle Rheinländer blieben nun trotzig auf dem Fleck und feuerten, immer mehr kamen hinzu. „Auf, vorwärts!" kommandierte der Unteroffizier, um durch Bewegung den Mut zu stärken, und voran ging's bis in den Chausseegraben. Daneben stürmte auch eine Sektion rheinischer Jäger unter einem Leutnant vor. So kam die ganze Fluchtbewegung ins Stehen, eine neue Entschlossenheit überkam die Rheinländer, und sie hielten sich nach Kräften. Der große Mannschaftsbehälter des Hohlbeckens zwischen Vorwerk und Enge leerte sich zwar immer noch, reichlich abtröpfelnd, doch der festhaltende Kern ballte sich gleichsam im festen Verschluß.

Die elfte und zehnte Kompagnie Neunundzwanziger mit der Fahne kauerten an der Chaussee oberhalb der Steinbrüche. Ein

jeden Augenblick einstürzendes und mühsam wieder aufgebautes
Kartenhaus als Kugelfang — so nahm sich hier die deutsche Schlacht=
ordnung aus. Der Geschoßregen fiel immer dicker aus den Schützen=
gräben drüben. Doch so locker und lockerer die deutschen Reihen
wurden, sie hielten zähe wie Gummistreifen in der Spannung fest.

„Wenn wir nur mehr Leute hätten, dann möchten wir die
da oben 'rauswerfen," bemerkte der Kompagniechef v. Graberg zu
dem Füsilier Wildemann, auf den er Vertrauen setzte. Auf dieser
dem Tode geweihten Halde fanden sich die Leute aller Stände, die
das Herz auf dem rechten Flecke hatten, gegenseitig heraus.

„Kann gemacht werden, Herr Leutnant. Da unten im Stein=
bruch sind genug von Unfern, die werd' ich holen."

„Na, wenn Sie wollen! Dann man los! Und halt, nehmen
Sie noch 'ne Zigarre mit auf den Deibelsweg! Wollen uns mal
'n Tobak ins Gesicht stecken!" Der Leutnant rauchte seine Zigarre
an. „Da haben Sie Feuer!" Brüderlich von Mund zu Mund
brannte der Mann das geschenkte Kraut an dem des Leutnants
an, dann trollte er sich aus dem Graben von dannen. Unter
einem Schauer von Schüssen lief er um sein Leben, über Leichen
hinüber, bis zum Steinbruch. Der steckte ganz voll, auch von
Versprengten desselben rheinischen Regiments. „Sind hier Neun=
undzwanziger? Der Leutnant v. Graberg läßt euch sagen, ihr
möchtet zu uns 'rauf auf die Höhe kommen. Wir brauchen Leute,
um vorzugehen."

Aber keine Seele rührte sich. Zu unheilverkündend scholl das
Getöse der Waldschlucht herüber. Alles schwieg verdrießlich. Ein
solches freundliches Anerbieten konnte nicht Beifall finden, nach=
dem man im Steinbruch eine bequemere Deckung zufrieden sich aus=
gesucht. „Also denn nich! Wieder retour!" Als Wildemann
auf einem Umweg seinen Chef wieder erreichte, scherzte dieser ver=
wundert: „Na, Sie kommen wieder, Sie wilder Mann? Hätt's
nicht gedacht, als ich Sie durch das Feuer laufen sah."

„Melde gehorsamst, Herr Leutnant, daß die da unten keine
Luft haben. Wir müssen's allein machen."

„Das wollen wir denn." Das Füsilierbataillon versuchte
thatsächlich einen Anlauf, doch er mißlang, und der Fahnenunter=
offizier ward erschossen. „Gut, Wildemann, das steht Ihnen gut,"

lobte der Chef, als der Gemeine die Fahne ergriff. Er trug sie bis Ende der Schlacht.

Wenn der Dampf sich verzog, sah man immer noch Batterie Gnügge in hehrer Ruhe donnern, halbkreisförmig ihre Rechte gegen Point du Jour herumgerissen. Da jedoch der Fluchtstrom manche Kanoniere absprengte und mitriß, so konnten nur noch drei Stück feuern und zwar mit Beihilfe von Achtundzwanziger Musketieren.

„Wie heißen Sie?" „Koch." „Ich werde Ihre Dekorierung be- antragen," belobte Gnügge einen solchen, der geschickt ein verwaistes Geschütz bediente.

Wiederholt kamen die Franzosen in Scharen den Hang herab, wiederholt tönte an einigen Stellen der deutschen Linien zwischen St. Hubert und dem Steinbruch das beklemmte Kommando an den Chausseegräben: „Alle heraus! Die letzten im Zurückgehen feuern!" Doch die Reservepatronen werden aus den Brotbeuteln gerissen, wenn alle Taschen leer, und die Wackeren hielten einander halblaute Monologe: „Hier bleibst liegen, einerlei wo du stirbst, und hier kann man wenigstens feuern!" Schade, daß der deutsche blanke Stahl mit der französischen Bezeichnung, den man aufs Ge- wehr obenan zu stecken pflegt, hier feiern mußte. Das betrauerten alle. Was noch heile Glieder hatte, stürmte später neben den Pommern beherzt wieder vor. Was dabei liegen blieb, war nichts Lebendes mehr.

Aber während alle Vorderlinien schossen, daß die Gewehrläufe heiß wurden, drängten endlich neue, geschlossene Massen von unten hinter ihnen herauf: die Pommern. Noch erfüllten das En avant! courage! und Hörnerblasen die Luft, noch hüllte sich die feindliche Front in Feuer und Rauch wie auf ein gegebenes Zeichen, sobald die Pommern am Unterende der Straßenenge sichtbar. Noch quirlten breiartig unförmliche Klumpen massenhafter Feldflucht aus dem Pulverkreis heraus. Dort zeigte den frischen Sturmsäulen der helle Schein der blitzenden Schützengräben, wo die schwarzen Trümmer von Moscou aus dem Feuerkreis vorragten und in stillen Augenblicken undeutliche französische Kommandoworte herübertönten, den Weg im lastenden Dunkel oder der feine, weiße Pulverstreif vor den langgedehnten Geschützreihen des Feindes. Gnügges ein- same Feuerschlünde schienen wie versenkt in einen Trichter von

Dampf und Staub, der in der Dämmerung aufstieg und im Dunkel hängenblieb.

„Kinder, das muß anders werden!" Wehmut im Herzen, blickten die pommerschen Offiziere auf so viele Sterbende an ihrem Weg beim Vorbeimarsch, die hier seit Stunden lagen, den Tod in der Brust. Wie elektrische Funken tanzen die Gedanken durchs Hirn. Wird uns gelingen, was den Kameraden vom rheinischen Korps unmöglich? Von allen Seiten klatschten die Kugeln gegen die Hauswände und aufs Hofpflaster bei St. Hubert, als die Pommern mit lautem Hörnerklang vorüberzogen. Zur Ewigkeit dehnten sich die Minuten.

Und wozu der Spektakel, als rufe man förmlich die Feuer= hölle, ihre Pforten aufzuthun? Sie ließ nicht auf sich warten, angezogen von dieser erhabenen Harmonie der Feldmusik, und spie mißtöniges Verderben.

Eine endlose Schleppe von Truppenzügen, ohne Abstände hinter= einander hingeschweift, schleifte sich die Bergtreppe langgestreckt entlang.

Das Dunkel schuf noch neue Drangsale durch unheilvolles Mißverständnis. Als die Spitze der Pommern sich nach St. Hubert warf, wähnte man Gehöft und Batterie schon vom Feinde ge= nommen, da solche Alarmnachrichten überall die Runde machten, wie es in erschütterten Schlachtreihen zu geschehen pflegt. Die Vierundfünfziger sandten daher Rückenfeuer in die dort aufge= stapelten und noch immer nicht abgebauten Menschenmauern. Diese lösten sich auf einen Ruck, wie für ein morsches Gebäude plötzlich der kleinste Anstoß genügt, es zu Fall zu bringen. Zur Verzweif= lung gebracht, als Kugeln von hinten in ihre so lange von vorn zerschossenen Haufen einschlugen, von jähem Entsetzen gepackt, rissen nun die Überreste aller Regimenter die letzten Bande der Mannes= zucht entzwei. Wie eine stürzende Ruine sank diese lebende Burg in sich zusammen, kopfüber in pommersche Marschsäulen hinein.

Vorwärtsrückende und Abwärtsfliehende durchdrangen sich gegenseitig. „Durch! durch!" schrie fassungslose Horde die Pommern an. Man ließ sie verdutzt durch Zwischenräume passieren, mehrfach selber durchbrochen und niedergerannt: das Los der schon im Kampf zerriebenen Truppen teilend, ordnungslos und zerrissen an den Feind zu kommen.

Dieſer unerträgliche Zuſtand dauerte zwei volle Stunden
lang, vom erſten Anſetzen der Vorderſpitze bis zum Nachfüllen
der letzten Hintertreffen des pommerſchen Fußvolks, das ſamt und
ſonders vollzählig über die Schlucht ging. Das Nacheinander ge=
ſtaltete ſich zu unaufhörlichem Durcheinander. Die verſchwiegene
Nacht verdeckte wohlthätig das leidvolle Gewimmel dieſer wehrloſen
machtloſen Zehntauſende, die ihr Gewehr ſo wenig gebrauchen
konnten, als hätten ſie bloße Stöcke in der Hand.

Brigade Rex und Neunundbreißiger ſüdlich von Hubertshof
hatte dieſe Panik grade am meiſten ergriffen, ſo daß ſie genau
in die gleiche hoffnungsloſe Verfaſſung gerieten, wie die ſo viel
länger fechtende Diviſion Weltzien: das ganze rheiniſche Korps
bildete nur noch eine führerloſe Maſſe, die ſich allmählich hinter
die Pommern ſchob und auf Chauſſee und Abhang herumtrieb.

Sogar das klingende Spiel der Pommern, unbedacht dem
Feind im Dunkel den Anmarſchpunkt verratend, vermehrte blinden
Schrecken: pommerſche Flügelhörner klangen Abgekommenen in der
Thalſohle wie franzöſiſche Clairons: ſie ſammelten ſich eiligſt rück=
wärts hinter Gravelotte, als ob ein Verfolger ihnen auf den
Ferſen wäre. Der Pommern ſtrammer Parademarſch, ſo wenig
angebracht an dieſer Stelle, ſchuf dazu einen grotesken und kaum
minder verhängnisvollen Gegenſatz.

Dies grauſe Schattenbild, dieſe Panik der Nacht, ſtellte wahr=
lich noch alle früheren Schreckgeſpenſter in Schatten. Es gereicht
den Pommern zur Ehre, daß ſie trotzalledem ſich nacheinander
ruckweiſe durchbrängten auf einem Gelände, wo ſchon das bloße
Gehen halsbrecheriſch erſchwert, und ſich eingekeilt zwiſchen Wald
und Straße endlich auf der todgeweihten Strecke Moscou=Point
du Jour als neue ſchräge Vordermauer vor dem Feind ent=
falteten. Von einer wirklichen Schlachthandlung, einem durch=
geführten nächtlichen Angriff war aber nichts mehr zu ſpüren,
und doch wäre rückſichtsloſes Drauflosſtürmen gerade hier am
Platze und kaum verluſtreicher geweſen, als das Ausharren auf
dem Fleck.

Wiederum gab es nur bataillonsweiſe Vorſtöße, ein Teil nach
dem andern riß nach vorne aus, ſobald er die Feuerzone erreichte,
und ſo konnte es nicht fehlen, daß bis zuletzt die einheitlich ge=

leitete französische Abwehr Herr der Lage blieb. Auch Froſſards
Truppen kannten ja vorgeſtern offene Feldflucht, heut aber trotzten
ſie unbewegt allen Stürmen. Sie durften es, weil kein ernſter
Blutverluſt an ihrer Kampffähigkeit fraß. Nur beim letzten Vor-
ſtoß in der Dunkelheit ſowohl am Vauxwald als bei den Wieder-
eroberungsverſuchen gegen das Häuflein im Steinbruch ſetzte es
harte Einbußen. Vor dem Steinbruch lagen an die hundert tot-
geſchoſſene Franzoſen umher. So gewaltig förderte dieſe überaus
günſtige Deckung das Flankenfeuer der winzigen Heldenſchar, die
dort gleichſam ſchon mitten unterm Feinde hauſte. Welche Vor-
teile hätten ſich erringen laſſen, wenn hier eine große deutſche Abteilung ſich eingeniſtet hätte! Aber alles, was inſtinktiv in dieſer
Richtung vorſtrebte, ward unterwegs von den Führern wieder angehalten. Denn bei den Angreifern verbrauchte ſich mit der mate-
riellen zuletzt auch die moraliſche Kraft. Doch auch bei den Verteidigern
Froſſards riß durch die unvermutete Überrumpelung des Steinbruchs eine gelinde Panik ein, freilich von kurzer Dauer, aber genügend, um jeden weiteren Angriffsvorſatz zu lähmen.

Auch ſchlug Fortunas wechſelnde Laune den trüben Stierblick
Leboeufs mit Blindheit, ſo daß er jede Offenſive großen Stils ſowohl
im Genivaurxholz als auf St. Hubert unterließ, in Augenblicken, wo
eine einzige friſche Truppe die Pommern vor ihrer Entwickelung
überraſcht und bei ihrer troſtlos traurigen Einkeſſelung im Defilee
überwältigt haben würde. Wer aber dem Erfolg unentſchloſſen
ſelber den Rücken wendet, beleidigt das leichtverſtimmbare Glück.
Verblendung auf beiden Seiten — da ſchmollt es mit beiden und
reicht keinem den Kranz.

Die ungeſchminkte Wahrheit lautet: das weſtfäliſche Korps
verhielt ſich lau und ſchwächlich, das pommerſche vermochte nichts
mehr, das rheiniſche aber erlitt nach unbeſtritten heldiſchem Ringen
eine vollſtändige Niederlage, wie ſie ärger nicht gedacht werden
kann. Außer dem Häuflein im Steinbruch hielten zuletzt nur noch
die rheiniſchen Jäger, heut ihren beſonderen Ehrentag feiernd, und
was von den Magdeburgern am Hubertshof lag, überhaupt noch
die Front. Alles andere ergoß ſich fliehend über Wald und Dorf
bis hinter Gravelotte. Wenn ſo ein Sieg ausſieht, wie ſoll man
dann ſein Gegenteil nennen!

Obschon die deutschen Angriffe heut nie und nirgends einheit=
lich zusammenklappten, traf es sich rein zufällig, daß Teile der
Divisionen Kameke und Glümer gemeinsam vorgingen, als Frossard
seine Offensive einstellte. Ein Bataillon Siebenundsiebziger irrte
zu den Kiesgruben ab, welche die Ostpreußen wieder besetzt hielten,
die Dreiundsiebziger führte General v. d. Osten gegen den südlich
der Steinbrüche ausspringenden Straßenwinkel. Sie machten an=
fangs gute Fortschritte.

Am Nordrand des Bois de Vaux, wo der Weg von Mancemühle
ins Freie ausmündet, gingen noch um sieben Uhr links von Brigade
Goltz die Dreizehner übers wellige Ackerland vor. Vom Feinde sah
man nicht das Geringste, hörte nur sein Gewehrrollen, fühlte seine
Eisengrüße. Bei der achten Kompagnie fielen sofort beide Offiziere:
Leutnant v. Basse tot, Schürhoff schwerverwundet. Feldwebel
Schulte, ein Alter von Düppel und Alsen, trat jedoch sehr ent=
schlossen auf und ließ seine Westfalen wie auf dem Manöverfelde
arbeiten. Sprungweise ward ein tieferer Einschnitt gewonnen.
Kamekes Dreiundfünfziger schlossen sich an. Der Gegner verhielt
sich von jetzt ab furchtsam und beklommen, ihm bangte um seine
Achillesferse am Steinbruch. „Heran unter Trommelschlag, mag
purzeln was will!" rief Oberstleutnant v. d. Busche. „Wir Drei=
zehner können hier noch die Schlacht gewinnen!" Kopfschüttelnd
verfolgte jedoch der Divisionär v. Glümer vom Waldrand die Be=
wegung. „Es ist zu spät, halten Sie die Truppen an und gehen
wegen der Dunkelheit zum Wald zurück!" befahl er dem kühnen
General v. d. Osten.

Die Schützen der Brigade Lapasset, brav wie schon vorgestern,
dachten nicht mehr ans Weichen. Ebensowenig neben ihnen die
dort postierten Teile Bastouls. Als schon die Dreiundsiebziger
retirierten, fochten die Dreizehner noch weiter. Auf vierhundert
Schritt erwarteten sie den Sturm. „Kleine Klappe!" Bastouls
hiesige Teile brachten zwar die Deutschen durch dreimalige Vor=
stöße zum Halten, diese drängten aber den Abgeschlagenen wieder nach.

Die Westfalen zielten bedächtig, jeder Schuß sollte sitzen.
Dann „Gewehr rechts!" Da enteilten die Rothosen fast flucht=
artig. „Die wollen wir mit dem Bajonett auf den Trab bringen!"
Doch dazu kam's nicht, das deutsche Schnellfeuer hatte haufen=

weise den Feind niedergerissen. Nahe an der Chaussee Metz-Grave-
lotte liefen sie davon, was die Sohlen halten wollten, die Westfalen
hinterdrein. So ward über Leichen weg auch hier Raum gewonnen,
ohne aber an die Steinbrüche von Point du Jour heranzugelangen,
von wo man hätte in die Flanke der Rozerieullesstellung einbrechen
können. Daß dies Thor zum Siege schon sperrangelweit offen-
stand und man nur offene Thüren einzurennen brauchte, ahnte
niemand. Aber rege erwachten wieder Geschütz- und Gewehrfeuer
der aufmerksam gewordenen Gegner. So blieb es denn bei stehen-
dem Feuergefecht des Bataillons Busche bis zum andern Morgen
auf nur hundert Meter Nähe vom Feind! Alle andern acht hier
verwendeten Bataillone gingen kraftlos, erfolglos, zum Walde zurück. Bei diesem Vorstoß ward Oberst v. Frankenberg der Dreizehner schwer verwundet.

Doch verloren diese nur fünf Offiziere, siebenundsiebzig Mann, die
Dreiundsiebziger drei und hundertvierundsechzig. Brigade Goltz büßte
acht Offiziere, zweihundertachtzehn Mann ein, Oberstleutnant Pannewitz
verwundet. Das waren wahrlich geringere Verluste als bei Colombey,
auch Division Kameke konnte sich von Spicheren heut erholen: nur vierzehn
Offiziere, zweihundertachtundsiebzig Mann bluteten, wovon die Neununddreißiger, deren Major v. Wangenheim verwundet, fast die Hälfte trugen.
Um so größer der Verlust westfälischer Batterien: neun Offiziere, ein-
undachtzig Mann, wovon fast die Hälfte auf die reitende Abteilung kam.

Brigade Lapasset verlor nur fünf Offiziere, sechzig Mann. Division
Bastoul litt minimal, ihr Chasseurbataillon verlor — zehn, das 67.
keinen Mann! Die übrigen Regimenter zusammen zweihundert. Auch
bei Division Vergé hatten nur 55. und 77. mäßige Verluste, die Chasseurs büßten fünfzig Mann ein, ebenso das 32. und 76. Der Gesamtverlust Frossards, sechzig Artilleurs inbegriffen, erreichte schwerlich achthundert Mann, obschon er selber ihn um zweihundert zu niedrig angab.

Leboeufs Division Aymard litt mehr infolge Einbuße des 80. ligne, das
dreiundzwanzig Offiziere, fünfhundertzehn Mann einbüßte, das 60.
auch hundertachtzig. Das 44., 85. (hundert) und die 11. Chasseurs (nur
ein Offizier, dreißig Mann) litten sehr wenig. Bei Division Metman
hatten das 7. und 71., je ein Regiment beider Brigaden, fast gar nicht
gefochten. Nur das 29., 59. verloren zusammen zweiundzwanzig Offiziere, dreihundertvierzig Mann, die 7. Chasseurs fünf und hundertzwanzig.
Die ganze Division Nayral verlor — einen Offizier und angeblich über
hundert Mann! Das Gardevoltigeurregiment schwang sich zu einem Offi-

zier, zwanzig Mann auf! Vergleicht man hiermit die deutschen Verluste an diesem Flügel, so ergiebt sich ein erschreckendes Mißverhältnis. Nur Leboeufs Artillerie litt ansehnlich: hundertdreißig Mann.

Korps Goeben büßte nicht weniger als hundertachtundsiebzig Offiziere, dreitausendfünfundachtzig Mann ein, wovon fast Dreiviertel auf Division Weltzien entfielen. Brigade Rex verlor nur über hundert Mann, während Brigade Gneisenau vierundvierzig Offiziere, siebenhundertzwanzig Mann verlor, davon die Neunundzwanziger am meisten, Brigade Wedell ließ die Kleinigkeit von siebenundfünfzig Offizieren, dreizehnhundertsechzehn Mann liegen. Die Brandenburger Sechziger, nächst ihnen die ostpreußischen Dreiunddreißiger, erreichten mit dreiunddreißig Offizieren, fast siebenhundert Mann hier den Rekord. Brigade Strubberg, Jäger inbegriffen, verlor dreiundsechzig Offiziere, achthundertzweiundachtzig Mann.

„Sind denn die Pommern noch frisch?" hatte der König den kommandierenden General gefragt und Fransecky, der Held vom Swiepwald, erwiderte frisch: „Majestät, wir können alles, wenn wir nur dürfen." Sie durften, aber konnten sie wirklich? Sicher nicht alles, das zeigte sich bald. Aus hungrigen und durstigen Kehlen steigt tobendes Feldgeschrei, fest aneinander schließen die Glieder, die Trommler schlagen Sturm, die Hornisten blasen „Schnell avancieren" —

„Hurrah, die Pommern!" scholl noch zuletzt der Willkommen den Einundzwanzigern entgegen, die durch einen Hohlweg gegen Point du Jour anliefen, lange nachdem die Vorderregimenter Franseckys gegen Moscou umsonst ihr Glück versucht. Auch hier der Anfang vom Ende. Die vorderste zweite Kompagnie erhielt gleich Mitrailleusenfeuer. Mit durchschossener rechter Hand, den Degen in die Linke werfend, warf sich gleich Feldwebel Schulze mit seinem Zuge den Abhang hinan bis in die Reihen der dort wankenden Rheinländer. Die vierte und achte Kompagnie lösten sich vom Vortreffen der Einundzwanziger los und traten in die Feuerlinie ein. Dies geschah schon um neun Uhr. Doch als das Signal Halt hier durchs Dunkel schallte, hatte man nichts weiter gewonnen als neue Verluste. Das unentwirrte Gewühl der unförmlich angestauten Massen am Hubertshofe lichtete sich ebensowenig wie Dampf und Dunkel, man verrannte sich gegenseitig den nötigen Platz, die Waffenwogen brandeten ineinander, sich verschlingend.

Ehe noch die Pommern Guten Abend sagen konnten, traf sie schon
bereitwilliger Willkomm der feindlichen Eisengrüße. Auf so höf=
liches Entgegenkommen hätte man lieber verzichtet. Wohl erzitterte
nicht das deutsche Herz. „Sieg oder Tod!" flüsterten heimliche
Stimmen. Doch der Feind war noch lange nicht geschlagen. Haufen
auf Haufen stürzten die Pommern, endlich waren sie aus der
Mancheschlucht heraus und oben bei St. Hubert, wo bald Fran=
secky selbst mit seinem Stabe hielt. Bei dortiger Beratschlagung
vieler versammelter Generale und Obersten konnten die Stäbe sich
nicht mehr sehen, die Gesichter sich nicht erkennen, so dunkel war es.

Umsonst kochte das Blut vor Schlachtengrimm in den Adern,
heut gab's kein Plancenoit wie einst am Waterlootag für die
Pommern, ziellos zuckten die Stöße über die dunkelnde Hoch=
fläche, ziellos schickten sie ihre Salven ab. Die Vierundfünfziger
gingen im Laufschritt bis St. Hubert vor und stürzten sich Moscou
entgegen. Oberst Busse, Major Prescher fielen, der Stoß brach sich.

Das alte Grenadierregiment Friedrich Wilhelm, rechts und
links von St. Hubert, erhielt Feuer von drei Seiten. Die Vier=
zehner wandten sich gegen den großen Steinbruch. Major Dantzen
fiel, Oberst v. Voß sank schwerverwundet vor der Truppe. Die
Gegenströme geworfener Teile aller drei Waffengattungen hemmten
die in Fluß gekommenen Sturmsäulen. Im unheimlichen Dunkel
stürzten mehrere berittene Offiziere und viele Leute in den Abgrund
rechts der Chaussee. „Hier giebt's keine Kontrole mehr, hier muß
man ‚Stopfen' blasen!" entschloß sich Fransecky. Als das deutsche
Feuer schwieg, hörte auch der Gegner zu schießen auf, als ob auch
ihm das preußische Signal gegolten hätte. Als aber die Zweiund=
vierziger gegen Point du Jour noch um zehn Uhr vorwollten,
fielen abermals Schüsse von links in die Kolonnen, Massensalven
brachen wie Gewitter in die stilldunkle Nacht hinein . . .

Die Pommern verloren in der kurzen Zeitspanne über zwölfhundert
Köpfe, wobei die Vierundfünfziger allein sechzehn Offiziere, zweihundert=
achtundachtzig Mann, das zweite Grenadierregiment zehn und zweihundert=
dreiundsechzig einbüßten. Auch das Jägerbataillon ließ achtzig Mann
liegen. Vierzehner und Einundzwanziger litten ansehnlich. Selbst die
Zweiundvierziger büßten beim winzigen Schlußkampf vier Offiziere, hundert=
drei Mann ein. Ja, sogar Brigade du Trossel, die erst in der Nacht
selber eine Art Vorpostengefecht anzettelte, ließ acht Offiziere, hundert=
sechsunddreißig Mann auf dem Platze. Im Stab Franseckys waren drei

Adjutanten verwundet. Bei Kavalleriedivision Hartmann zählte man
sieben Offiziere, achtundachtzig Mann tot und verwundet, fast nur pom=
mersche Ulanen und von der reitenden Batterie. — Es standen vierund=
siebzigtausend deutsche gegen etwa die Hälfte so viel französische Gewehre
und Säbel. Der Verlust aller drei Korps am rechten Flügel betrug rund
fünftausendfünfhundert Köpfe, der französische ohne Montaudon
etwa zweitausend.

Wo dies Pommernhurrah erscholl, dem niemand anhörte, daß
die Leute sechsmeiligen Marsch und keinerlei Verpflegung hinter
sich hatten — wo den heftigsten Anprall mit entfalteten Fahnen
und klingendem Spiel des Feindes eiserne Faust abgeschüttelt —
wo der Kugelorkan stoßweise losfuhr, sich nur auf Augenblicke
beruhigte und dann wieder heulte, daß einem Hören und Sehen
verging — wo Granaten auf schon verkohlte Leichen niedergingen —,
da lagerte jetzt der pommersche Heerteil in Vorderreihe, Gewehr
im Arm, des Feindes Flügelpunkt bewachend. Noch entzog man
ihm ja nicht seinen Halt, noch brauchten ihn die schützenden
Wälle von Metz nicht anzulocken. Unbegreiflicherweise glaubten
die Pommern, sie hätten einen Erfolg gehabt, und ähnlich be=
richtete Moltke aufgeregt dem greisen König. In Wahrheit bewog
nicht mal die Nacht den Feind zum Aufgeben der Stellung. Die
Fittige der Nacht bedeckten gnädig die Stätte, wo die Wogen des
Unheils über dieser kopflosen Führung zusammenschlugen.

In endlos unregelmäßigen Schlangenlinien hingeworfen, kein
künstliches Gehäuse der Friedensmanöver, sondern der ernsten Not=
durft angepaßt wie Kriegsgebrauch, lag man hier mit gespanntem
Gewehr und gespitztem Ohr. Die naßkalte Luft entnervte bei leerem
Magen und trockener Kehle, selbst das zu Herzen dringende Geschrei
hilflos Wimmernder ließ gleichgültig. Einsam zwischen beiden Gegnern
lagen die deutschen Leichen, welche die äußerste Grenze all der frucht=
losen Anläufe gegen die feuerspeienden Kuppen bezeichneten. Hier
gesellten sich derbe Hünen der Ostseedüne flinken Kindern des Rheins.
In tiefer Nacht — es ging auf drei Uhr — wallfahrtete
eine dunkle Kanonierkolonne zur Gravelotter Wegenge, um die
steckengebliebenen verwaisten Geschütze zurückzuholen. Ihnen ging
es ja nicht so gut, wie den heldenmütigen Batterien Hasse und
Gnügge, die bei ihrer Rückfahrt — in welchem Zustand! — mit
Jubel und Umarmungen hoher Führer empfangen wurden. Die

unglückliche Batterie Lemmer war verloren und verdorben, ohne etwas leisten zu können. Traurig geleitete man mit völlig neuer Bespannung die Geschütze heim. Fürwahr, wie ein Leichenbegängnis, selbst die Gäule ließen den Kopf hängen, und spärlicher Mondschein grinste boshaft auf diese Geschützleichen, die man betrauerte wie ein geliebtes Leben . . .

Nur das Häuflein Wobesers hätte den rechten Weg zur Ent= scheidung gezeigt, durchs Bois de Vaux über Mancemühle in den Steinbruch hinein, um in die linke Flanke der Division Bastoul zu stoßen. Doch die Besetzung des Steinbruchs kam zu spät, um den höheren Führern davon Nachricht zu geben. Als die Ost= preußen aus den Kiesgruben weggeschwemmt wurden, warf sich Hauptmann Graf Stosch mit seiner Kompagnie Neunundreißiger dort hinein. Sein Schützenzug blieb jedoch draußen, in die rück= gängige Bewegung hineingezogen. Um sich nach diesem umzusehen, schritt die hohe schöne Gestalt des Grafen ruhig aufs Feld süd= lich der Gruben hinaus, nur eine Reitgerte in der Hand, den Staub des Kalkbruchs von den Stiefeln klopfend. So näherte er sich dem Waldrand. „Sind das auch Dreiunddreißiger?" scholl seine klare Stimme dem Waldrand zu. „Auf Ehre, Dreiund= dreißiger!" rief Wobeser zurück, soeben im Sammeln begriffen.

Doch gleichzeitig riß das über den kahlen Hang fegende Feuer den Grafen um, den sofort Sergeant Fuhrmann und zwei Füsiliere seiner Kompagnie mit Todesverachtung in den Wald trugen, wo er in der Mühle verschied. Diese Episode belegt deutlich, welch hohes Verdienst die Niederrheinländer durch ihr besonnenes Ein= greifen hier wieder wie bei Spicheren erwarben. Hätte der kühne Anschlag Wobesers auf den Steinbruch dem Oberst Eskens mit= geteilt werden können, so würde hier vielleicht ein entscheidender Erfolg geblüht haben, wilderblüht wie die Wildrosen auf den Blöcken des Steinbruchs. Doch der Schlachtengott verhüllte im undurchsichtigen Dampf den Pfad zum Siege.

Es war eine fromme Lüge, als Moltke dem bekümmert auf totem Schimmel im Flammenschein einer brennenden Wollspinnerei diesseits Rezonville am Wege sitzenden König zurief: „Majestät, wir haben gesiegt, den Feind aus allen Positionen geworfen!"

Erst um Mitternacht kam wahre Siegeskunde: von St. Privat.

„Ich bin tot!" rief plötzlich ein Führer der Gardefüsiliere, im Gespräch mit einem andern Offizier, die Hand auf die Brust legend, und fiel leblos aus dem Sattel. Das war sechshundert Schritt westlich St. Marie: So weit wirkte das Chaffepotgeschoß.

Gegen ein Uhr gab eine Gardebatterie bei Habonville den ersten Schuß ab. Eine steilrandige Schlucht ward im Galopp überschritten, und bald standen neun Batterien südwestlich St. Ail im Feuer. Allein, deren linken Flügel überschütteten Tirailleurs vom 94. ligne, das Canrobert nebst einer Batterie bis St. Marie vorschob, mit unausgesetztem Feuer, und erst als St. Ail von den Gardefüsilieren stürmender Hand erreicht, sah sich die Artillerie aus solch peinlicher Lage befreit. Die Batterien Canroberts, südlich der mäßigen Bergkuppe von St. Privat aufgefahren, mußten nun ablassen, die holsteinische Geschützlinie zu beschießen und wendeten ihre Geschosse dem neuen Feind entgegen. In der langen Thal= schlucht zwischen Habonville und St. Ail prasselten ihre Granaten nieder, und man erkannte, daß die viertausend Schritt des west= wärts abgedachten Höhenfeldes von dem Bergdorf St. Privat völlig beherrscht wurden. Dagegen bot dahinter eine beim Gasthaus Marengo einschneidende Vertiefung einen völlig gedeckten Versamm= lungsraum für französische Reserven.

Dort stand Division Tixier mit Brigade Péchot vor Ferme Jeru= salem, mit Brigade Daïs neben Division Ciffey nördlich der Eisenbahn, welch letztere jedoch bald darauf weiter vorging und mit dem 73. ligne im Vordertreffen das „Vorgebirge" nordöstlich vom Bahnwärterhaus und dem Cuffewald besetzte. Division Levaffor=Sorval füllte das vordere Gelände südlich von St. Privat mit Brigade Gibon (früher Marguenat) vorn, etwa in Höhe des 57. und 6. ligne, des zweiten Treffens der Division Ciffey, mit Brigade Chanaleilles dahinter, neben dem 1. ligne Ciffeys, das in Reserve blieb. Division Tixier machte im Laufe der Ereignisse Front nach Norden, also hakenförmig nach rückwärts, um die Waldausgänge zu überwachen, und zog sich allmählich hinter dem Dorfe weg, zwischen Roncourt und dem Jaumont=Holz. Division Lafont hielt nordwestlich das Gelände bis Roncourt, das 9. ligne St. Privat selber.

Der scharf ausgeprägte Höhencharakter der Canrobert'schen Aufstellung verlieh ihr eine ungewöhnliche Stärke, obschon die Abwesenheit seiner Genietruppen und die Übermüdung der Truppen ein Verschanzen versagte, doch besaß die Rechte bei Roncourt wenig Verteidigungsfähigkeit. Um daher die deutsche Annäherung in dieser Richtung möglichst lange aufzuhalten, sollte auch St. Marie, zweitausendfünfhundert Meter westlich von St. Privat, hartnäckig verteidigt werden. Es war dasselbe System, das die Franzosen bei St. Hubert, den Vorderschluchten des Genivauxwalds und bei Champenois-Chantrenne befolgten: Vorstellungen scharf verteidigen, daß der Angreifer sich die Zähne abstumpft, ehe er an die Hauptstellung herankam.

Schon reihten links von den Gardefüsilieren und dem Gardejägerbataillon, die einen stehenden Feuerkampf gegen St. Marie und eine östlich davon feuernde Batterie unterhielten, alle Batterien der sächsischen Division Nehrhoff, welche über Batilly — südwestlich von St. Ail — nordwärts anrückte, sich an. Als bald darauf auch alle übrigen Feuerschlünde der Sachsen — die sieben Batterien der Korpsreserve auf dem Weg nach Auboué die Division Lafont unter Feuer nehmend — hier ihr Feuer vereinten, vermochte der tapfer sich wehrende Oberst de Geslin sich im Orte nicht gegen so überwältigende Artilleriewirkung zu behaupten. Allerdings hielt er den Platz, bis die vier Garde- und acht sächsischen Bataillone, ohne das heftige Chassepotfeuer zu erwiedern, die Einfassung erreichten. Dann eilte er im Laufschritt auf St. Privat zurück, nicht ohne ein paar Hundert Verwundete und Unverwundete gefangen zu verlieren. Zehn Offiziere, dreihundert Mann des schon bei Vionville so schwergeprüften und tapferen Regiments bluteten.

Die Gardefüsiliere litten jedoch selber durch Flankenfeuer von St. Privat her, Oberst v. Erckert ordnete um halb vier Uhr am Ostausgang des stadtähnlichen Dorfes die nötigen Maßregeln zur Behauptung des gewonnenen Punktes. Denn der Feind verdoppelte seine Kanonade, sodaß zwei Batteriechefs der Garde hier durch Sprengstücke getötet, und griff mehrmals unter Schnellfeuer die Artillerie des Prinzen Hohenlohe an, der bis in gleiche Höhe mit der hessischen Geschützlinie, am Bois de la Cusse nördlich der Bahn, vorwärtsschwenkte. Um halbvier Uhr fiel St. Marie; es ver-

strich aber eine volle Stunde in Verteidigung des dichtüberfüllten
Ortes, in den auch noch das vierte Garderegiment hineindrängte.

„Der Oberst ist verwundet," riefen die Gardefüsiliere — nein,
tot, durch den Kopf geschossen. Sechs Offiziere, nahe an drei=
hundertfünfzig Mann kostete das Ringen um St. Marie schon dem
einen Regiment. Man hielt das für einen nicht geringen Verlust,
aber wie dachte man darüber am Abend!

Da zur Aufnahme des 94. General Lafont einen Vorstoß
von Roncourt unternahm, entspann sich mit der sächsischen Brigade
Leonhardi, deren Chef alsbald verwundet, ein lebhafter Kampf.

9. Chasseurs der Brigade Péchot, die nun rückwärts von St.
Privat herumbog, fochten so hitzig, der Feuerstrom von St. Privat
herab gebot so kräftig Halt, daß die Sachsen, nachdem sie drei

Bataillonskommandeure verloren, um fünf Uhr nach St. Marie
hineinwichen. Auch die sächsischen Batterien der Korpsreserve sahen
sich übel zugerichtet, einen Hauptmann und den Abteilungschef
Major Hoch selber verwundet fallen. Brigade Leonhardi und ein
Bataillon vom Schützenregiment Hundertacht der Division Prinz
Georg, das in dieser Richtung abgeirrt war, verloren mitsammen
siebenunddreißig Offiziere, neunhundertfünfzig Mann, wovon fast
die Hälfte auf Regt. Nr. Hundertfünf entfiel. Das Gefecht stand
also keineswegs ungünstig für die Franzosen. Mittlerweise besetzte
das obengenannte Schützenregiment das Gehölz von Auboué mit
der Orne-Schlucht und das Leibgrenadierregiment (Nr. Hundert)
rückte rechts daneben auf, während sechsundsechzig Geschütze, von
Kronprinz Albert zum Vorgehen befohlen, sich zwischen dem Gehölz
und St. Marie ausspannten. Brigade Schulz der Division Nehrhoff, die ziemlich weit zurück blieb, ward auf Montois in Marsch
gesetzt, um im Ornethal Roncourt zu umgehen. Die Kavalleriedivision Graf Lippe plänkelte bis ins Moselthal und auf den großen
Straßen nach Etain und Briey: letztere nach Nordwesten sollte
heut den Franzosen verlegt werden, nachdem sie gestern freiwillig
die erstere nach Westen aufgaben.

„Da kommt die Garde!" General v. Manstein, die wild
durcheinandergewürfelten, aufgelöst hin und her wogenden Scharen
seines Heerteils vor Augen, sah geschlossene Körper in tadellos
sauberer Ausführung der Bewegung wie auf dem Manöverfeld
rechts der Straße St. Marie-St. Privat längs der hessischen Artillerie schräg auf Ferme Jerusalem losgehen. Er zauderte daher
nicht, seinerseits sofort Gardebrigade Knappe einzusetzen, welche ihm
der Kommandierende des Gardekorps, Prinz August von Württemberg,
kameradschaftlich zur Verfügung gestellt hatte. Es war halb sechs
Uhr, als am Ostrand des Cusseholzes rechts neben Wittichs Hessen
die Garden anstürmten. Das Gardeschützenbataillon drang in langer
Schützenlinie bis vierhundert Schritt an Bahndamm heran.

Nur die außerordentlichste Tapferkeit erzwang dies Vorgehen in wahrhaft vernichtendem Feuer. In mehrmaligem Anlaufe
erreichten zwei Bataillone Alexander — das dritte blieb bei der
Artillerie — rechts von den Gardeschützen die Wegbiegung zwischen
Vernéville-Amanvillers und lösten das heroische erste Jägerbataillon

der Heſſen-Darmſtädter, deſſen Munition zur Neige ging, in deſſen Stellung ab. Dies geſchah vor ſechs Uhr. Regiment Eliſabeth, bis dahin in Reſerve am Wald verblieben, mußte eine halbe Stunde ſpäter die Lücken füllen, ſetzte jedoch vorerſt nur ſechs Kompagnien an. Dieſe zuſammenhängende Schlachtreihe erklomm, achthundert Schritt von der Weſtſeite Amanvillers' entfernt, den höchſten Punkt der dortigen Hochfläche und erwiederte das auf beiden Flanken einſchlagende Maſſenfeuer des Gegners mit erſichtlicher Wirkung, da nunmehr der richtige Schußbereich des Zündnadelgewehrs erzielt worden war. Wiederholt gingen die Franzoſen energiſch zum An- griff über, drangen ganz nahe heran, zerſtoben aber dann unterm kaltblütig treffſicheren Schnellfeuer, ebenſo ſpäter Dragoner, die von Montigny la Grange anritten. Der entſetzliche Granathagel der heſſiſchen und Gardeartillerie, vor welcher die geſamten Bat- terien Ladmiraults das Feld geräumt hatten, ermöglichte dies Feſthalten unter unſäglichen Verluſten bis gegen ſieben Uhr.

Bei den Gardeſchützen lag ſchon die Mehrzahl der Offiziere in ihrem Blute, Major v. Schon des Alexanderregiments fiel, Oberſt- leutnant v. Grolman und Major v. Knobelsdorff mit vielen Offizieren der Eliſabether — beim Bataillon Knobelsdorff ſo gut wie alle — trugen ehrenvolle Wunden davon, Knobelsdorff eine tötliche.

Die Gardeſchützen glaubten doch auch etwas vom Schießen zu wiſſen, aber ſolche Ausartung des Erſchießlichen ahnten ſie noch nie. Noch an der Waldecke auf achtzehnhundert Schritt Entfernung gingen die Chaſſepotkugeln nicht zu kurz, und vergeblich ſahen die Führer ſich um, woher denn eigentlich dieſer Feuergruß komme.

Kein Käppi zu ſehen! Vorwärts, bis der Atem fort iſt, im vollen Lauf achthundert Schritt weit! „Nicht ſchießen, noch iſt's zu weit!“

Aber ſchon viele, viele fehlten, die allen Lebensodem daranſetzten, ſo lange er hielt. Jetzt, nochmals ein paar hundert Schritt über- ſpringend, ſah man wenigſtens die Käppis. Alſo ſchießen, aber nicht Munition verſchwenden! Endlich erreichten die Büchſenträger den richtigen Abſtand auf achthundert Schritt, aber achthundert Schritt hinter der erreichten Front ward eine gleiche Strecke von achthundert Schritt genau abgemeſſen durch lange und dichte Haufen von Leichen und blutend Hingeſtreckten. Die erſte Kompagnie, zu- letzt nach vorn kommend, verlor ſogleich den Leutnant v. d. Hagen.

Hauptmann v. Maſſow fiel, ebenſo die Sekondeleutnants Grafen zu Dohna und Schlieffen und Baron Buddenbrock. Hauptmann v. Arnim blieb mit Schuß ins Bein in ſitzender Stellung vor der Schützenkette, bis ihm eine Kugel in die Bruſt drang. Und nun empfing auch Major v. Fabeck die Todeswunde. „Der Kommandeur iſt ſoeben gefallen!“ Sein Adjutant Sekondeleutnant v. Maſſow ſchloß ſich zu Fuß mit einer Handvoll Geſammelter der erſten Kompagnie an, ward aber ſogleich durch den Arm geſchoſſen. Wer jagt im Karriere durch die Feuerlinie? Der Brigadeadjutant Leutnant v. Berger. Er ſchreit aus vollem Halſe: „Nicht angreifen, ihr werdet ſonſt abgekniffen!“ Als endlich die Eliſabether rechts einrückten — ſchon die Gardeſchützen hätte man in unmittelbarer Verbindung mit den Alexander=Grenadieren vorſchicken ſollen ſtatt vereinzelt, das zu lange Auffſparen der Eliſabether als Reſerve läßt ſich kaum rechtfertigen — war die Feuerlinie ſchon ganz dünn geworden. Wütend ſtürzten die Gardeſchützen ſo nahe vor, daß ſie die Rotkappen deutlich ſahen, und ſchoſſen mit tötlicher Ruhe.

Nur heimzahlen, und wenn wir alle draufgehen! hieß die Loſung. Da die Führer meiſt fielen, ſo fochten die Waidgerechten auf eigene Fauſt. Der Führer der erſten Kompagnie hatte nur noch vierzig in der Hand, aber die hatten dafür einen ſichern Schuß. Die Verwundeten ſpendeten, aus allen Kräften bemüht, ihre Patronen an die Kampffähigen.

Die vierfach übereinander angelegten Schützengräben der Fran= zoſen wären uneinnehmbar geblieben, wenn nicht die deutſchen Granaten hineingepfeffert hätten. Die ſtärkſte Kanonade mit modernen gezogenen Geſchützen, die jemals auf einem Fleck ver= einigt, mußte das unglückliche Fußvolk Ladmiraults erdulden, das heldenmütig auch der zerrüttenden moraliſchen Wirkung widerſtand. Nur ſpärlich nahm die franzöſiſche Artillerie den Kampf wieder auf, ſoweit ihre entfernte Stellung am Steinbruch es geſtattete.

Mit Todesverachtung trabten die zerſchoſſenen Batterien Eiſſeys nochmals vor, nachdem ſie ſich einigermaßen in neue Kampfbereit= ſchaft geſetzt, und verſuchten am Bahndamm einige Granatſalven ſo ſchnell wie möglich abzugeben. Doch der fürchterliche Eiſenorkan der deutſchen Maſſenbatterien blies ſie gleichſam vom Kampfplatz weg.

Die dünn geſäten Schützenlinien der Alexander=Grenadiere

sahen hinter sich gar keine geschlossene Truppe mehr. Bis zur
Waldecke, von welcher sie ausbrachen, bis zu sechshundert Schritt
vor dem Feind zog sich ihre lange Blutspur. Gegen anreitende
Schwadronen und vorprallende Tirailleure krachten nichtsdestoweniger
fort und fort ihre Schüsse. Die Reiter wendeten die Rosse, die
Rothosen stoben fluchtartig davon, kein Anlauf der Regimenter
Lorencez' wollte glücken, und auch ihre Reihen lichteten sich. Ein=
ander so nahe auf den Leib gerückt, daß jeder Unterschied der beiden
Hinterlader schon lange aufhörte, fochten beide Parteien in zittern=
der Erregung: wer wird zuerst nachgeben? Keiner!

Die siebente Kompagnie Alexander lag am Weg nach Verné=
ville, wo er nach Norden umknickt. Schon beim Vorgehen über
die Artilleriestellung hinaus verlor sie ihren Chef v. d. Hagen;
jetzt wankte auch der diensttuende Premierleutnant der Reserve,
Benthin, auf seinen Degen gestützt, blutend davon. Den zum
zweiten Mal getroffenen Leutnant v. Brandis trugen ein paar
Treue auf Mänteln aus dem Getümmel. Und nicht hinaus konnte
mehr „unser Jüngster", der Fähnrich v. Dewitz: er blieb als Leiche
mitten drin, neben ihm „unsre Ältesten", zwei frohsinnige Ser=
geanten, die nie mehr durch Singen und Witze ihre Mannschaft
erheitern sollten. Der einjährige Student, der fast in keiner
deutschen Kompagnie fehlte, starb eines langsamen qualvollen Todes.

Ein Hornist, der mit dem Gewehr eines Gefallenen wacker schoß,
ward auf einmal ganz still, und man sah doch kein Blut, keine
Wunde. „Sind Sie ohnmächtig, oder was ist los?" rüttelte und
schüttelte ihn sein Nachbar. Ach, ein kleines Loch im Adler des
schiefgedrückten Helms — laßt ab, ihn zu stören in seiner tiefen
Ruhe! Der Glückliche braucht nicht mehr zu beben wie die Leben=
den: „Kommt deine Kugel schon warm aus dem Laufe?"

Der jüngste Sergeant Witte führte die Kompagnie weiter,
die zwölfte ein Unteroffizier Steinbrück.

Viermal lösten die Franzosen ihre Tirailleure ab, ein Luxus,
den ihnen hier ausnahmsweise ihre Mittel erlaubten. Die Deutschen
mußten bedacht sein, soviel wie möglich Gewehre in der Vorder=
linie festzuhalten. Selbst die Offiziere schossen oft feste mit. „Man
muß den Kanaillen imponieren, daß sie im Ungewissen bleiben, wie
schwach wir sind!"

Freilich nur infolge der auflösenden Verluste, denn diesen stark-
formierten zweiundzwanzig Gardekompagnien waren die acht hier fechtenden Bataillone Lorencez' nebst den Chasseurs und Bataillon Commerçon in
der ursprünglichen Gewehrstärke kaum überlegen, zumal das 54. nur achtzehnhundert Mann Ausrückeetat besaß, das 13. nur neunzehnhundert, das
jedoch nach erheblichem Verlust bei Mey seither vierhundert Mann Er-
satzreservisten bekam. II III 64 gaben allerdings ein numerisches Über-
gewicht, doch wurden diese auch von den zweiten hessischen Jägern und
dem Bataillon Graeff beschossen.

Auch einzelne Trupps des ersten hessischen Jägerbataillons,
das bisher so ausnehmend brav seinen Platz behauptet, blieben auf
ihrem Posten am Bahndamm und rangen ihren erschöpften Kräften
ein Letztes ab. Wahrlich, die Darmstädter, einst als Rheinbündler
so ausgezeichnet, daß sie im russischen Feldzug dem Gardekorps ein-
verleibt zu werden die Ehre genossen, bethätigten diesmal den
gleichen Soldatenstolz in einer besseren vaterländischen Sache.

Brennender Durst bei leeren Feldflaschen, den Gras und Klee
zwischen vertrockneten Lippen nicht kühlen, doch ebenso brennend
im Herzen schmerzlicher, wütender Rachedurst! Durch die abge-
blätterte Schminke der Kultur macht sich die barbarische Wildheit
der Urzeit Bahn, die Bestie im Menschen, die zu töten verlangt,
neben dem Halbgott, der zum Tode für eine Sache bereit, alles
im gleichen Wesen, dem Klumpen von begeistertem Erdenkloß.

„Halbrechts auf die Kavallerie!" Eine heranbrausende Dra-
gonerschwadron ward zur Umkehr gezwungen, dann erneutes Vorgehen durchgesetzt. „Gott sei Dank, sie geben klein bei!" Bis
auf zweihundertfünfzig Schritt heran! Überlegenheit des Chassepot
kam schon lange nicht mehr zur Geltung. Die Grenadiere, als
ob ihre Nerven in der Gefahr sich immer straffer härteten, schossen
mit methodischer Sicherheit, ohne Rast, ohne Hast, als wären sie
nur Automaten der Zerstörung, beseelte Maschinen, fühllos für
eigene Verletzung wie für fremdes Weh.

Übrigens zerschmetterte schon zu Beginn eine Kugel dem Obersten
v. Knappe die rechte Hand, so daß dem Kommandeur des Alexanderregiments v. Zeuner die Leitung dieser denkwürdigen Handlung
oblag . . .

Schon früher um eine Viertelstunde tobte nördlich der Bahn

ein ebenso furchtbarer Kampf, und eine Viertelstunde später ent=
brannte der furchtbarste. Prinz August bemerkte nämlich von der
Höhe südlich St. Ail, daß französische Kolonnen von Roncourt
sich östlich nach St. Privat zurückbewegten. In der That räumte
Canrobert allmählich und mit unleugbarer Gewandtheit seine jetzt
zu ausgedehnte Flügelstellung, ehe sie umgangen werden konnte,
und zog sich eng um St. Privat zusammen, während er unablässig
Bazaine um Sendung der Gardegrenadier=Division und Reserve=
artillerie bitten ließ. Er fand jedoch taube Ohren und empfing
als besonders huldreiche Bescherung nur vier Munitionskarren, ob=
schon der riesige Patronenverbrauch seines Massenfeuers den Vorrat
von Stunde zu Stunde erschöpfte. Prinz August glaubte nach
obiger Wahrnehmung, daß Prinz Georg von Sachsen bereits bei
Roncourt versammelt zur Umfassung des Bollwerks mitwirken könne.

„Der Tag rückt vor, der Abend naht, und wir stehen hier
noch! Nicht länger darf ich den Angriff verschieben. Auch darf
ich die dritte Brigade nicht ohne Flankendeckung lassen, da sie
offenbar von Norden her flankiert wird!" äußerte sich der Kom=
mandierende und befahl dem Divisionär v. Budritzki, sofort mit
der vierten Brigade Berger anzutreten.

Diese setzte sich schon viertelsechs Uhr in Bewegung. Als Prinz
August in St. Marie eintraf, wies er Vorstellungen des Divisionärs
v. Pape, daß die Sachsen thatsächlich noch gar nicht in Sicht und
die französischen Linien noch lange nicht genug von Artillerie be=
arbeitet seien, mit der Begründung ab, daß auch die vierte Brigade
nicht allein gelassen werden dürfe. So setzt sich im Kriege immer
ein Versehen aus dem andern fort. Der verfrühte Angriff Man=
steins zwang ihn zu tropfenweisem Versickern seiner Offensivkraft,
um bloß die Artillerie zu retten, so daß er, als die Garde endlich
neben ihm aufmarschierte, selber nur noch drei hessische Bataillone
als unverbrauchte Körper in die Wagschale werfen konnte. Darum
mußte er der Garde eine Brigade nach Amanvillers entziehen,
diese aber konnte unmöglich durchdringen, so lange Cissey unan=
getastet ihre Linke überhöhte, und die gegen Cissey verwendete
Brigade mußte ihrerseits sicher verbluten, so lange Levassor=Sorval
und die Hochburg St. Privat nicht durch Frontalstoß abgelenkt
wurden. So brach denn erste Gardedivision Pape gleichfalls vor,

erste Brigade Keſſel voraus, Brigade Medem vorläufig am Aus=
gang von St. Marie in Reſerve. —

Brigade Knappe blieb ja nicht ohne Unterſtützung und An=
lehnung, da Manſtein ihre Linke gegen Ciſſeys Flankenfeuer durch
gleichzeitiges Vorbrechen der Heſſen deckte. Brigade Berger ſtand
hingegen, ſobald ſie ins Gelände ſüdöſtlich St. Privat hinaufdrang,
mutterſeelenallein der franzöſiſchen Hochburg gegenüber, ſolange es
Pape nicht gelang, ſeinerſeits auf gleiche Höhe ſüdlich St. Privat
zu gelangen. Brigade Knappe hatte es aber nicht viel weniger
ſchlimm, da ihr faſt die ganze Diviſion Lorencez entgegentrat.

Freilich ohne Artillerie. Denn da nach Abfahren der mal=
trätierten Geſchützabteilung Ciſſeys auch die Greniers abfuhr, um
ſich am Reſervepark im Amanvillers=Steinbruch wieder herzuſtellen,
und bald auch im Zentrum des Armeekorps die Batterien von
Lorencez und vier der Korpsartillerie das Feld räumten, feuerten
nur noch die zwei reitenden vor Montigny, welche General Pradier
— verwundet, doch bis zuletzt unerſchütterlich die Nachhut leitend —
bei ſich behielt. Die ganze Maſſe der Ladmiraultſchen Artillerie
ſammelte ſich am Steinbruch La Croix, wo ihr kommandierender
General ſie abſichtlich feſthielt in Nähe von St. Privat, um deſſen
Sicherheit ihm bange wurde. Ladmirault, der meiſt beim Gaſt=
hof Marengo hielt, ſetzte ſich ſchon lange in Verbindung mit den
beiden Marſchällen zu ſeiner Rechten und Linken, um ſie zur
Gegenoffenſive ſowohl bei La Folie als nördlich der Bahn ein=
zuladen. Allein grade jetzt machte Brigade Daïs mit halbrechts
Kehrt, verließ die Ferme Jeruſalem und marſchierte nördlich von
St. Privat auf, um Péchot in Richtung auf Roncourt zu unter=
ſtützen. Ein Teil ihres altberühmten 12. ligne nahm bereits an
den Gefechten bei St. Marie teil.

Unter dieſen Umſtänden erkannte Ladmirault mit ſchwerem
Herzen, daß ſeine Rechte, falls die Garden auf Ferme Jeruſalem
durchdrangen, ſich weit zurückbiegen müſſe, und ſtellte daher vor=
ſorglich die Artillerie und Brigade Bellecourt ſchon zur Deckung
des Abzugs rückwärts auf. Was den Marſchall Leboeuf angeht,
ſo entſchuldigte er ſich mit dem Herannahen neuer deutſcher Maſſen
gegen Moscou, daß er ſich nicht anderswohin verausgaben dürfe.

Bourbaki endlich marſchierte zwar auf dringende Vorſtellung

des Adjutanten Latour du Pin von Plappeville ab, kam jedoch erst in die Nähe. Die von Bazaine gnädigst nach dem Chatelthal entsendete Voltigeurbrigade Garnier blieb dort müßig stehen und that keinen Schuß für Ladmirault. —

Fürs erste freilich merkten die Deutschen nicht das Mindeste von Erlahmen des Widerstandes. Kommandant Commerçon, schon am vierzehnten August gehörig im Feuer, unterstützte I II 54. ligne, welches gleichzeitig auch die Hessen am Bahndamm bestrich, in Bekämpfung der Gardeschützen. II III 15., zwischen 54. und 65. eingeschoben, und die 2. Chasseurs, die nach Verlassen ihrer ursprünglichen Hohlwegstellung ihr Chef Letanneur daneben sammelte, eröffneten nach rechts gegen die Gardeschützen, nach links gegen die beiden Bataillone Alexander ein Flankenfeuer. Letztere stießen in gerader Richtung aufs I II 65. ligne, in dessen Flanke außerdem II III 64 der Brigade Pradier ein mörderisches Feuer unterhielten. Als die Elisabether in der Mitte einrückten, trat ihnen II III 15 entgegen, dessen I. die Artillerie am Steinbruch nicht verließ.

Die glänzende Feuerdisziplin der Gardebrigade feierte Triumphe. Eine Menge französischer Führer zahlte hier wie die deutschen den Blutpreis. Da sinkt Oberst Sée vom 65. schwergetroffen, all seine drei Bataillonschefs nebst drei Hauptleuten werden getötet. Desgleichen vier Kompagniechefs vom 15. und dessen Oberst Fraboulet und Oberstleutnant Macaire empfangen tötliche Wunden. (Dies Regiment verlor fünfhundertvierzig Mann, wovon jedoch mehr als zweihundert bloße Versprengte.) Da stürzt Oberst Caillot vom 54. in den Tod, mit ihm Bataillonschef Lamboulay und drei Kapitäne. Lamboulay eilte zu Pferd hin und her, von einem Ende seines Bataillons zum andern, bis eine Granate ihn und sein Roß in zwei Stücke zerriß. Oberstleutnant Stroltz (Nachkomme des bekannten Dragonergenerals) und Bataillonschef Cullet setzen kontusioniert das Kommando fort. Kommandant Letanneur verwundet nebst Chasseurhauptmann de Negrier, der sich das Ehrenkreuz erwarb, ein künftiger General-en-Chef.

Solche Verluste sprechen gleichmäßig für die Bravour dieser Regimenter und die durchschlagende Kraft des schlechteren deutschen Hinterladers in solchen Heldenhänden. Obschon III 54 und III 65 noch unversehrt im Rückhalt blieben, unternahm man es nicht, die dünne deutsche Linie zu durchbrechen, ehe die Elisabether die Lücke in der Mitte ausfüllten. Dies entsprang jedoch keiner Schwäche, sondern dem beschränkten Gesichtskreis, da die blendenden Strahlen der untergehenden Sonne und der alles verhüllende Rauch jedes Einsehen des Gegners hinderten.

Außerdem darf man nicht vergessen, daß die Franzosen, ihrer Artillerie beraubt, zugleich den entsetzlichen deutschen Granathagel auffangen mußten.

Um diese Zeit standen hundertachtzehn Geschütze zwischen Cusseholz und Charmoiseholz im Feuer, links davon richtete die furchtbare Gardeartillerie ihre Geschosse nicht allein gegen Division Cissey und Brigade Gibon, sondern auch gegen den Bahndamm. Diesem Eisenorkan boten in erster Linie nur noch achtundvierzig französische Geschütze vor Montigny=La Folie die Spitze. Nun ward auch noch ein Teil der Batterien Montaudons, übel zugerichtet, zur Abfahrt gezwungen, ließ sogar ein Stück ohne Bespannung, das die reitenden Batterien Ladmiraults retten mußten. Auch Canroberts Artillerie ging zeitweilig verstummend hinter den Höhenrand zurück, eröffnete jedoch sofort Schnellfeuer, als die Gardedivision Pape vordrang. Die sächsische Artillerie feuerte um diese Stunde ausschließlich gegen Roncourt . . .

. . . Hin und her schwankten die Glieder der Bataillone, so daß es schwer hielt, seinen Platz zu behaupten, als die vierte Gardebrigade Berger aus der Rendezvousstellung bei Batilly über eine tief eingeschnittene Schlucht, deren breite Thalsohle kein Abbrechen der Kolonnen erforderte, zwischen St. Ail und St. Marie heraustrat und an den Gardehusaren vorbei unverzüglich schräg über den dortigen Feldweg ging. „Das ist ja wie am Tempelhofer Feld!" begrüßten die Mannschaften frohgemut das drohende St. Privat und sein Vorgelände, das wie eine Tenne gefegt wurde, aber gefegt von eisernem Besen. „Halt, richt' euch! Präsentiert das Gewehr!" Der Kompagniechef Sell ließ mitten im Feuer stillstehen und den Militärsalut ausführen, um dem Schwanken Einhalt zu thun. So etwas hilft, aber nur bei preußischer Mannszucht.

„Hundert Schritt vor!" Dann rasten und wiederum eine Strecke vor, die beliebte Kampfweise.

Das Regiment Kaiser Franz, links vom Regiment Königin

vorbrechend, hatte naturgemäß die schwierigste Lage, weil unmittel=
bar aus St. Privat in der linken, vom 1. ligne in der rechten
Flanke und von Brigade Gibon frontal beschossen. Regiment
Augusta, rechts davon, stieß in den Zwischenraum zwischen 57.
und 1. ligne, erhielt später auch Seitenfeuer vom 73. und wohl
auch 6. Cisseys, dessen Oberst die Brigade Brayer nach dem neu=
lichen Tod ihres Generals führte.

Als Vordertreffen der Franzer drang Bataillon Linsingen vor,
lehnte sich links an die Chaussee und fädelte ein Duell auf Tod
und Leben, sozusagen auf fünfhundert Schritt Barrière, mit dem
nahen Gegner an. Den tapferen Major v. Linsingen traf eine
Kugel ins Bein. „Na, denn nicht!" Da er keinen Schritt mehr
machen konnte, warf er sich hinter einen Steinhaufen, ergriff ein
Gewehr und feuerte wie ein Gemeiner.

Im zweiten Treffen hatten sich die Verluste noch ärger ge=
steigert. Regimentskommandeur v. Boehn stürzte schwergetroffen
vom Roß, mit ihm sein Oberstleutnant v. Bentivegni, dessen
Bruder — Hauptmann — gleichzeitig fiel.

Die jüngeren Leutnants übten hier ein wahres Wettrennen
nach dem Tode. „Es wird schon gehen," munterten Angeschossene
einander auf und begossen rot mit jedem Schritt vorwärts das
Heidekraut.

Gleich zu Anfang hörten die Füsiliere vorn die Stimme des
Hauptmanns v. Kalckreuth: „Auf mein Kommando hören!" Unwill=
kürlich ein Staunen: was bedeutet das? Ach, die Deutung lag
nur zu nahe — der Bataillonskommandeur v. Wittich lag schon
röchelnd am Boden. Den Adjutanten v. Patow, der scherzend
elegante Frankfurterinnen zur Pariser Reise einlud, lud das Schicksal
zu einer dunkeln Reise in unbekannte Lande, von denen kein
Wanderer wiederkehrt. Der jugendlich gutherzige Leutnant v. Kitzing,
der schon bei Königgrätz mit Wunden seine Laufbahn begann, endete
sie hier für immer.

„Na, Gott schütz' uns vor dem größten Glück!" dachte mit
Till Eulenspiegel der Grenadier Seibert, als er dem vorderen
Schützenzug der Franzer eine wichtige Meldung überbringen sollte:
vom Turm fallen und nur ein Bein brechen — hier sieben Kugeln
bekommen, aber mit dem Leben davonkommen — das heißt wohl

Schwein beim Pech haben! Nach fünfzig Schritt Kugel in den Schenkel — Fuß probiert, Knochen noch heil, also auf und noch= mals vor! Kugeln in den linken Arm — bah, das hindert ja nicht am Laufen — Kugeln in den rechten Arm — hat mit der Beinleistung nichts zu thun. Jetzt Kugel in die Brust — da liegt er. Aber wenn er hier verenden soll, so will er doch seine Meldung vorher ausrichten — er schleppt sich weiter, es geht! „Das ist brav, Seibert! Wann ich lebend aus der Schlacht komme, will ich Ihrer gedenken," lobt sein Kommandeur . .

Am rechten Flügel der Franzer verlief eine Mulde aufwärts an den sanften Hügelabschnitt, von dessen oberster Erhöhung die französischen Batterien über ihre Schützen wegschossen, welche dick den breiten Hang überdeckten. Reihenweise wirbelten die Dampf= wölkchen auf. Vor den Streitern lag die eiserne, wörtlich eiserne Pflicht, und mit kalter Entschlossenheit rückten sie in die Feuerzone hinein. Wo vordem innere Unruhe fieberte, wich sie jetzt trotziger Anspannung aller Nerven. Verlust auf Verlust, Schläge gegen die Brust, Zerreißen und Rumoren im Leibe, hilfloses Umstürzen mit lautem Schrei, ohne sich rühren zu können — und den Ge= troffenen entschwand ihre vorstürmende Truppe, indes sie allein hintenüber auf dem Rücken lagen und kaum den Kopf wenden konnten, indes unablässig wahre Massen von Erz um sie her heulten.

Die Ärzte und Lazarettgehilfen begannen heldenmütig ihr saures Werk. „Wo sind Sie verwundet?" Die meisten wissen es selber nicht, bis man den Mantel herunterreißt, den Waffenrock öffnet, die Leute umdreht, um den Austrittsort der Geschosse zu entdecken. Vorsorglich auf den Rollmantel den Kopf gebettet, den Helm tief in die Stirn gedrückt, von Sand durch einschlagende Kugeln überschüttet, bleiben sie liegen mit Pergamentblättchen am Knopfloch: „Perforierende Wunde, Kugel extrahiert." Viele hören hier im rasen= den Heulen des Schlachtgewitters ihr letztes Stündlein schlagen und geben den Geist auf, gefoltert von brennendem Fieberdurst, unter Wundkrämpfen mit Schüttelfrost, am Rückgrat gelähmt. Andere werden endlich nach St. Ail zurückgeschafft, wo in langen Reihen Gewehrpyramiden anzeigten, wie Zahllosen hier ihre Waffe vom Schlachtfeld weggetragen, die jetzt wehrlos als Opfer des Kampfes.

Auf hochgeschichteten Bündeln unausgedroschenen Weizenstrohs wimmern sich hier verzweifelte Menschen in wohlthätige Ohnmacht hinein. Schnauzen halbverhungerter Gäule fressen ihnen den Weizen unterm Kopfe weg . . .

Das Regiment Augusta, dessen rechtem Flügel sich die Hälfte des bei der Artillerie verbliebenen Bataillons Alexander anhing, ging mit dem ganzen Stolz einer bevorzugten Truppe vor. Das Musikkorps avancierte mit der Fahne des zweiten Bataillons bis in die Feuerlinie des Regiments, sausende Granaten bildeten ein düsteres Leitmotiv des klingenden Spiels. Das Korps trotzte diesen disharmonischen Tönen mit standhaftem Mute, obschon von der Fahnenkompagnie bald nur noch eine Sektion am Platze blieb, weil alles nacheinander sich in Halbbataillone, dann Kompagnie= kolonnen, dann Schützenhaufen auflöste. Konzertmeister Keiper brachte aber die Fahne bis in die Feuerfront vor, wobei fünf Hautboisten sich blutend am Boden wanden. Das grausige Ge= wehrrasseln übertönte den Avanciermarsch derart, daß man das Spielen einstellte und das Korps sich in eine Ackerfurche barg. Dem Kapellmeister ward der Degen zertrümmert, die Musiker hielten sich jedoch brav und nahmen sich vor, auch Trophäen zu erbeuten: französische Posaunen und Clairons.

Auch hier gingen die tapferen Ärzte an die Arbeit, ihre Sanitätsabteilung dirigierend. Wie mancher mit den Abzeichen des Königin=Regiments lag bald bleich und blutig auf Dunghaufen in der Gasse von St. Ail! Den Jägerhauptmann v. Arnim, dem er die Kugel herausschnitt, lud sich ein Stabsarzt selber auf den Rücken. Hier und da von ihrem Samariterdienst auf dem Schlacht= feld aufblickend, verfolgten diese friedlichen Helden den Gang der Schlacht, während von allen Seiten herzzerreißende Bitten sie vom einen zum andern riefen.

Der Bataillonskommandeur Prinz Salm, ehemals General= adjutant Kaiser Maximilians von Mexiko, hatte heute früh an der Bruvilleschlucht sich ein paar Chassepotkugeln zum Andenken ein= gesteckt — jetzt hatte er schon solch ein zartes Angebinde im Körper, in Leber und Lunge. Der gute Bekannte aus Mexiko, Judas Bazaine, dem er hier gegenüber focht, brachte ihm immer Unheil.

„Lieber Doktor, ich fühle, daß ich sterben muß; leben Sie wohl und grüßen Sie meine arme Frau! Verbinden Sie mich nicht, es hilft zu nichts." So ward er auf zwei Gewehren, die man durch Mäntel zusammenhielt, zurückgetragen. Wenige Schritt von ihm lag sein Adjutant: den drückte keine irdische Sorge mehr . .

Als die Garden heut nachmittag auf der Höhe das Schlacht= schauspiel in der Ferne erblickten, schien der Kanonendonner zu verhallen, mächtige Staubwolken sich rückwärts zu wälzen, und mißmutig verzichteten sie schon auf die Ehre, mit den Kameraden von der Linie endlich wetteifern zu dürfen. Man glaubte den Feind in vollem Rückzug. Es war die Zeit, als die Batterien Ladmiraults zum Abfahren gezwungen und die Hälfte der Division Grenier aus dem Feuer gezogen ward, gleichzeitig aber das deutsche Feuer schwächer wurde. So sehr täuscht der äußere Schein. Grade als die nervöse Erregtheit der Kampfbegier in ein gemessenes Marschtempo überging, traf der Befehl zum Vorrücken ein.

Nun hatten sie gleich mehr von Schlacht und Opfern fürs Vater= land, als die ausschweifendste Vorstellung sich träumen konnte. Die beiden Hinterlader befanden sich in einem Duett gegeneinander, in welches die groben Geschütze wie mit schmetternden Pauken= wirbeln einfielen. Bravourarien ohne Ende!

Schon konnten die gelichteten Reihen, wie ein schmaler dunkler Streifen am Boden festgenagelt, nicht mehr vorwärts. Kein Trommelwirbel, kein Hurrah mehr. Nur die Granaten der Garde= artillerie fuhren über die Liegenden weg in die feindlichen Massen erschütternd hinein, umzischten die in hellen Flammen lodernden Hecken. Quadratzöllige zerrissene Eisenstücke — alle vier Schritt eine Explosion mit schrillem Hui-Hui, die Splitter umherschleudernd.

Alles Ducken hört auf, wenn solche Ungeheuer mit Geheule durch die Luft geflogen kommen, wenige Fuß überm Schädel der Kämpfenden — mit gräßlichem Gleichmut nimmt man's hin, das unvermeidlich Unabänderliche.

Der linke Flügel des Regiments Königin, nämlich das Füsi= lierbataillon Prinz Salm, hatte zumeist gelitten und vermochte den Heckenweg nicht zu erreichen, der dort über den Höhenrücken führte. Dagegen drang die Hälfte des Füsilierbataillons Wittich der Franzer dort nahe heran, wobei auch der jetzige Bataillonsleiter Kalckreuth verwundet. Das Bataillon Behr der Augustaer in der Mitte stockte, aber Bataillon Rosenberg und ein Halbbataillon Alexander

unter Major v. Seeckt erstiegen umfassend den Südteil des Höhen=
rückens und warfen das 57. ligne, das heut umsonst seinen Lorbeer
von Mars la Tour zu bewahren hoffte. Auf ein gegebenes Zeichen
des überaus braven Regimentskommandeurs Graf Walderfee im
Sturmschritt vorgebrochen, hatte die Angriffslinie auch hier erheblich
gelitten, beide Majore verwundet. Doch erreichten die Verluste nicht
entfernt jene der Franzen, deren zerriffene und geschmolzene Haufen
fast sämtliche Offiziere auf dem Felde der Ehre ließen.

Auch Kompagniechef Sell konnte nicht mehr: „Präsentiert's
Gewehr!" kommandieren, Major Linfingen nicht länger sein Gewehr
handhaben, von zweiter Kugel schwergetroffen. Mit unübertrefflichem
Heldenmut behaupteten jedoch die Franzen den sauer errungenen
Boden, in Wasserrinnen eingeschmiegt, und ihr Halbbataillon Füsi=
liere griff den Heckenweg an, als Hauptmann v. Trotha mit einigen
Kompagnien Augusta aus der Mitte dagegen andrang. Haupt=
mann Graf Keller raffte auch die Hälfte von Linfingens Bataillon
zu gleichem Vorstoß zusammen, und nach grimmigem Strauß
ward das 57. ligne auch hier überrannt und auf St. Privat ge=
worfen, wobei es zweihundertsiebzehn „Disparus" — zu deutsch:
Gefangene — in deutschen Händen ließ. Gegen den südlichen
Höhenauslauf, wo Hauptmann Vogel v. Falckenstein vier Kompag=
nien sammelte, schleuderte der Feind nun ein heftiges Kreuzfeuer
von 6. ligne und Teilen Lorencez' nördlich Amanvillers sowie der
Brigade Gibon aus St. Privat. Das 1. ligne zog auf Ferme
Jerusalem ab, richtete sich aber dort zu eigenem Gegenstoß ein.

Das 73. war durchs Vordringen der Garde flankiert, litt auch
am meisten unter der Kanonade in seiner vorgeschobenen Stellung,
raffte sich jedoch zu entschlossenem Angriff gegen Regiment Augusta
auf, da die Hessen genügend durch die 20. Chasseurs und II III 6
beschäftigt wurden.

Graf Walderfee mußte um diese Zeit schon schwerverwundet
den Befehl an Major v. Behr, den einzigen noch übrigen Stabs=
offizier der Brigade, abtreten, doch erschien General v. Berger
persönlich bei seinen Truppen und überwachte die fernere Gegen=
wehr. Während die Gardeartillerie unausgesetzt die Heckenwege
beschoß und Cisseys Tirailleuren den Aufenthalt dort unmöglich
machte, dann den nördlichen Höhenrücken bei Ferme Jerusalem

mit Granaten bewarf, eilte die schwere Batterie Prittwitz auf den eroberten südlichen Rand in die Linie der Garden vor, vermochte freilich unter dem überwältigenden Kugelregen nur drei Geschütze heranzuschaffen . . .

„Ich bin vom Fort Plappeville zum ,Plateau der dicken Eichen‘ vorgerückt,“ benachrichtigte schon nachmittags der Chef der Kaisergarde den Kommandierenden des vierten Korps, und Ladmirault entsandte jetzt nochmals den Major Pesme: „Sagen Sie dem General Bourbaki, daß ich absolut auf seine Hilfe rechne. Ich bin darauf angewiesen, denn hinter Ferme Jerusalem, wo Brigade Daïs stand, ist jetzt alles leer. Er muß diese Lücke füllen.“

Aber als Bourbaki mit Grenadierdivision und Artillerie sich näherte, erschreckt ihn dermaßen die Unordnung im Defilee, das er passieren sollte, verursacht durch rückfahrende Trains und Verwundetenströme, daß er halt= und kehrtmacht! Auch Leboeuf am ,Toten Baum‘ zwischen Leipzig und Moscou giebt drei Boten Ladmiraults den trockenen Bescheid, er werde just schicken, was er könne, nämlich etwas Artillerie und ein Regiment. Canrobert vollends läßt durch Oberst Lonclos melden, daß er den Rückzug antreten müsse, weil bei Roncourt umgangen. Ladmirault hatte dem Kollegen bereits Munitionswagen und Dragoner zur Aushilfe geschickt, jetzt blieb nur eins noch übrig: sich durch Offensive General de Cisseys die Garde vom Leibe zu halten.

. . . Die stete Ungewißheit der Eindrücke auf einem Schlacht= feld wird noch durch unklare Fernsicht erhöht. So glaubte der Stab Prinz Friedrich Karls den Rauch der sächsischen Batterien sogar nordwärts statt nordostwärts aufsteigen zu sehen, als ob sie gegen einen von Norden nahenden und also seinerseits flankieren= den neuen Feind Front mache. Da man demnach nicht mal über das Eingreifen der Sachsen im Klaren sein konnte, die Sonne aber nach dem Kalender schon zehn Minuten nach sieben Uhr unter= und der Mond erst vor halbelf Uhr aufging, so wollte man die wenigen Stunden Tageslicht doch noch zum Ansturm auf St. Privat benutzen. So geschah es denn, daß der Sturm begann, ehe noch die Burg St. Privat auch nur in ihren Außenquadern erschüttert, weil Division Cissey auf dem Höhenvorsprung fast alle Granaten der Garde zuletzt auf sich allein ablenkte.

Auf dem flach hinstreichenden Grund, über dem der Hang fast terrassenförmig anstieg, zwar sanft, aber um so günstiger für die Schußbahn von oben, wuchsen nur Kartoffelkraut und einzelne Sträucher. Zwei schmale Wiesenstreifen nach Osten boten höchstens ein sanfteres Ruhebett für Fallende, keine Deckung. Die West= und Nordseite von St. Privat schützten obendrein mehrere Mauern als Feldeinfriedigungen, hinter denen die Chassepots hervorblitzten. Vor der übermächtigen sächsischen Artillerie suchten freilich auf dieser Seite Canroberts Batterien das Weite. Südlich vor dem Dorfe pflanzten sich aber alsbald zwölf Zwölfpfünder auf, welche bis zur Chaussee, also auch in die Flanke der Franzer, ihre Granaten schleuderten. Zwischen St. Privat und Roncourt lagen Teile der Divisionen Lafont und Tixier im Anschlag und lauerten auf Gelegenheit, die Linke der Division Pape zu umfassen.

Da von Anfang an eine Linksschwenkung nach Norden erfolgte, so bot das zur Rechten vorgehende dritte Garderegiment alsbald auch die rechte Flanke dar. Die Bewegung führte bis dicht an den Feldweg St. Marie=Montois heran, bog jedoch dann nach Südosten und Osten ab, lange ehe die Gabelung dieses Wegs mit Weg nach Roncourt erreicht. Weil die Füsilierbataillone voraus, gelangte Bataillon Finckenstein des ersten Garderegiments zuerst an diesen nördlichen Stand am Rand des Feldwegs, Bataillon Notz des dritten zuerst die östliche Richtung, da der Angriff staffelförmig vom rechten Flügel entlang lief. Zweites Bataillon dritten Regiments unter Oberstleutnant v. Holleben schob sich zuerst von den vier Bataillonen der Hintertreffen zwischen beiden Füsilierbataillonen vorn ein. Statt sich sofort aufzulösen, verharrten die Abteilungen in Halbbataillonen geschlossen, und da die Verluste hierdurch sich häuften, trat ein allgemeines Vordrängen ein, wo=

Bleibtreu, St. Privat. Illustriert.   6

durch die vorderen Kompagnien, ja sogar die Schützenzüge mit den hinteren Massen allmählich ohne nötigen Vorsprung und Zwischen- raum zusammenflossen.

„Die Woche fängt gut an!" Kaum daß Bataillon Notz zum Sturm antrat, stürzte sein Chef mit dem erschossenen Pferde, und kaum wollte er sich erheben, als eine Granate ihn zermalmte. Kurz darauf lief es durch die Glieder, daß Oberst v. Linsingen, seine Füsiliere begleitend, gleichfalls verwundet. „Fahne vor!" Den Fahnenträger mit sich reißend, eilte der rangälteste Hauptmann v. Herwarth vor die Front und drang auf neunhundert Schritt ans Dorf heran, als er tot niederfiel. Die Füsiliere sahen sich durch unerhörtes Feuer auseinandergesprengt. Etwas besser erging es dem Bataillon Holleben, obschon auch hier der Oberstleutnant gleich unter den ersten schwerverwundet. Die Führer beider Halb- bataillone fielen. Gleichwohl errang Leutnant v. Kracht einen Erfolg, indem er die feindlichen Tirailleure im freien Felde über den Haufen warf. Beide Bataillone hatten zuletzt überhaupt keine Offiziere mehr.

Die übrigen drei Bataillone der Hintertreffen schoben sich unablässig hinter dieser ostwärts gerichteten Front entlang, um nordwärts in Richtung auf Roncourt einzuschwenken, von wo das lästige Flankenfeuer herkam und zugleich Kampflärm der Sachsen erscholl. Das zweite Bataillon Stülpnagel ersten Regiments, vor- auseilend, verfolgte diese Richtung gradaus, eine Kompagnie mit dem Oberstleutnant selber bog jedoch am Feldweg östlich ab, um dem bedrängten Füsilierbataillon beizustehen. Auch leitete Oberst v. Röder die Hälfte ersten Bataillons in gleicher Richtung ab, während die andere Hälfte, gefolgt von der ersten Pionierkompagnie, unauf- haltsam nordwärts ging.

Auf dem ansteigenden Gelände diesseits des Dorfes zeichnete sich bald eine dichte weiße Linie ab, aus der es lodernd zuckte und eintönig rasselte. „Auflösen! Flügelkompagnien ausschwärmen!" gab General Kessel persönlich den Leutnants v. Hackewitz und Maltzahn der neunten Kompagnie des ersten Garderegiments Befehl. Bei der zwölften Kompagnie warf sich Leutnant v. Alvensleben I mit seinem Zug in die Schützenkette vor, sein Bruder Alvensleben II blieb mit seinem Zug geschlossen dahinter. Die Verluste wirkten schon auflösend genug. Beim abschnittweisen Vorlaufen diente Niederwerfen nur dazu, Atem zu schöpfen, nicht aber, den Verlust zu verringern. Hackewitz fiel bewußtlos nieder, Maltzahn fiel um mit zerschossenen Zehen. Dem Bataillonsadjutanten Graf Wartens= leben ging sein Pferd im Todeskrampf durch und stürzte nach ge= waltigen Sprüngen zu Boden. Wohl eilte der Graf, sich empor= raffend, zu Fuß vor eine Kompagnie dritten Garderegiments, aber mit zerschmettertem Knöchelgelenk blieb er hier liegen. Dem einzigen noch heilen Tambour des Füsilierbataillons, der eben Sturm schlagen wollte, riß eine Granate beide Arme fort. Wiederum erhoben sich die Braven, als neben ihnen andere Teile im Vor= rücken blieben, denn das erste Garderegiment darf keinem nach= stehen. Wieder erlief man fünfzig Schritt. „Bonin, übernehmen Sie die Kompagnie, kann nicht mehr mit,“ rief der am Fuß ver= letzte Hauptmann Graf Finckenstein seinem Leutnant zu. Am linken Flügel der Füsiliere langten jetzt erste und zweite sowie siebente Kompagnie zweiten Bataillons auf gleicher Höhe an.

Mittlerweile ging rechts davon das dritte Garderegiment weiter, gleichfalls in drei Treffen, vorn die Füsiliere, hinten das erste Bataillon, die Kompagnien wie beim ersten Regiment in Halb= bataillone abgeteilt. Das Feld zwischen St. Marie und St. Privat dehnte sich platt wie ein Brett, ohne Busch oder Vertiefung, beide Dörfer etwa zweitausend Schritt voneinander. Das massive, steinerne St. Privat hatte auf der abfallenden Höhe seinen stark= gebauten Kirchhof vorgeschoben wie ein Außenfort. Wohin die deutschen Offiziere ihr Fernrohr richteten, überall blinkte das Rot der französischen Uniformen zwischen den Dorfscheunen durch.

Über diese Ebene, künstlichem Glacis einer Festung vergleichbar, lief das dritte Garderegiment an. Ganze Reihen stürzten, die Fahnen mit ihren toten Trägern, sie erhoben sich wieder in andern Händen. Wo den Offizieren ihre Schimmel niederbrachen, setzten sie sich zu Fuß an die Spitze. Manchen traf ein jäher Schlag gegen den Helm, da die Franzosen mehrfach zu hoch schossen. Wer fiel, dem traten wild Vorwärtsrennende auf Gesicht und Leib, bis es Nacht um ihre Sinne wurde. Humpelnde Verwundete nahmen schwerer Getroffene unter den Arm, sie aus dem grauenvollen Blei= regen hinauszugeleiten. In den Scheunen von St. Marie steckte schon alles voll, Johanniter legten Eis auf, wo eine Kugel den silbernen Gardestern des Offizierhelms in die Kopfhaut getrieben, was häufig vorkam. Ärzte entfernten Splitter mit der Pincette.

Offiziere mit verbundenem Kopf standen nachher an der Chaussee, um die Reste ihrer verwaisten Kompagnien zu sammeln. Um halbsechs Uhr war's gewesen, daß man durch St. Marie zum Angriff hindurch= ging, zwei Stunden lang hörten die Verwundeten im Dorfe das schwankende Rasen der Schlacht. Aber jeden durchdrang die Ge= wißheit: was vom Feind in St. Privat steht, wird alles getötet oder gefangen. Die Garde stirbt, aber siegt . . .

Die linke Flügelgruppe drang auf sechshundert Schritt an St. Privat heran, wobei sie einen geräumten Schützengraben und eine Bodenfalte gegenüber der Nordwestecke des Dorfes gewann. Jedoch unter ungeheuren Verlusten. Oberstleutnant v. Stülpnagel fiel. Oberstleutnant Graf Finckenstein, zu Fuß mit geschwungenem Säbel fechtend, ward verwundet. Die siebente und zwölfte Kom= pagnie litten besonders. Den Chef der letzteren, Graf Keller, tötete ein Schuß durch den Mund. Alvensleben I sammelte die vernichtete Abteilung zu einem kleinen Trupp, nachdem dem Zug von Alvensleben II eine ganze Sektion durch Mitrailleusengarbe, die wie ein Schrotschuß in die Erde fuhr, weggerissen. Dennoch rissen Hauptmann v. Geyr und Leutnant Graf Schulenburg mit schlagenden Tambours ihre Kompagnien weiter vor, bis auf vier= hundert Schritt vom Dorfe. Die Leibkompagnie der Könige von Preußen (erste des ersten) ging unter Hauptmann v. Roeder, dessen hohe Gestalt noch zu Pferde saß, in gleicher Höhe vor.

„Fahne herunter, hinwerfen, Kavallerie kommt!" rief v. Geyr mit durchdringender Stimme. Wirklich sah man Wolke von Weiß= mänteln herumwirbeln, die jedoch auf dem Flecke blieb. „Die Patronen gehen aus!" erhob sich mehrfach der Klageruf. „Ich bin nun auch verwundet, führen Sie!" übergab Geyr dem Leutnant v. d. Schulenburg das Kommando des Bataillons. Dieser packte er= regt den Kompagnieführer Bonin am Arm: „Wir müssen doch vorgehen, glauben Sie mir, wir verlieren weniger dabei!" Dies im Anschluß an einen Befehl des Hauptmanns v. Roeder, der über die Scharen wegrief: „Bataillon liegen bleiben, ich sorge für Unter= stützung", und zu diesem Behuf davonritt. Es mochte halbsieben

Uhr sein, als ein neuer, wilder Anlauf der Bataillonsreste einen
verlassenen Schützengraben nur zweihundert Schritt vom Dorfe
in ihre Hand brachte. Hier verlor die Truppe nach und nach ihre
letzten Offiziere in halbstündigem verzweifelten Ausharren, wobei
sogar eine zu kurz gehende sächsische Granate fünf Mann von
hinten her niederstreckte. Durch den Kopf getroffen, sank Krosigk
vornüber aufs Gesicht. Alvensleben II im Fuß und v. Block in
die Schulter getroffen; ebenso Arnim, Werder, Bonin verwundet.
Letzterer, während er mühsam herumkroch, Patronen der Gefallenen
einsammelnd. Regungslos lag der kühne Schulenburg mit dem
Kopf in einer erdgefüllten Zwiebackkiste des Schützengrabens.
Alvensleben I verlor die Besinnung durch einen Prellschuß, der
auf seinem Brustbeutel mit harten Thalern abschlug. Er erwachte
nur, damit Streifschuß in Schulter, Mattkugel auf den Unterleib
und ernstlicher Schuß in die Wade ihn aufs neue bewußlos nieder-
streckten . . .

Als die Brigade Kessel immer nördlicher ausholte, schob General
v. Pape eiligst das zweite Garderegiment der Brigade Medem nach
Osten vor, um das südlich der Chaussee feuernde Bataillon Linsingen der Franzer nicht allein dem dortigen Feuerschwall ausgesetzt
zu lassen. Hier blieb umgekehrt das Füsilierbataillon im zweiten
Treffen, das erste Bataillon Puttkamer rechts und Bataillon Görne
links im Vordertreffen. Beim Avancieren, nachdem sich Halbbataillone in Kompagniekolonnen gelöst und Schützenzüge vorgezogen,
verlängerten die Füsiliere, rechts debordierend, die Schlachtreihe bis
dicht an die Chaussee, wo sie Zuruf der Franzer empfing. Auch
dies Regiment zeigte sich des Chlum-Ruhmes der Garde würdig,
seine ungewöhnliche Tapferkeit brachte die schwersten Opfer. Mit
jedem Schritt nahmen die feindlichen Kugelschauer, nahmen die
Verluste zu. Zuerst stürzte Leutnant Graf Hessenstein, sodann der
voll ruhigem Gleichmut in der Schützenkette vorausreitende Oberstleutnant v. Puttkamer, schwer in die Seite getroffen. Sein Adjutant
v. Tettau, der soeben über den Chausseegraben setzte, fand sogleich
den Tod. Hauptmann v. Lyncker übernahm das Kommando und
galoppierte tapfer die Linie entlang. „Leute, auseinander, auseinander! Schnell, schnell!" Den schwerverletzt vom Rosse Sinken-
den fing Offiziersaspirant v. Twardowski in den Armen auf, legte

ihn nieder und verband ihn im saufenden Feuer. Doch Lyncker
erlag der Wunde. Vor der dritten Kompagnie zog die hochragende
Gestalt des Oberst Graf Kanitz auf mächtigem Rappen einher.

Mit vornehmer Gelassenheit ritt er hinter den Schützen, die in
dichten Schwärmen voranstürzten, sich jedoch durch das allgemeine
Linksziehen zusammenschoben. Mit den übrigen Führern mühte
sich Kanitz, durch persönliches Eingreifen regelrechte Zwischenräume
herzustellen, als sein Rappe einen Granatsplitter und er selbst einen
Schuß in den Hals erhielt, der ihn besinnungslos niederstreckte.

Da Hauptmann v. Herwarth gleichfalls sank, führte Leutnant
v. Hagen halbseitwärts der Chaussee die Kompagnie sprungweise
genau auf die Nordwestecke von St. Privat vor. Siebzig Schritt
voraus der Schützenzug, den tapfern Leutnant v. Schulenburg an
der Spitze, bis die Vorderreihe der Rothosen so sichtbar, daß er
die Chassepotläufe auf sich gerichtet sieht. „Schießt nur ordentlich,
Grenadiere!" ruft der Tapfere, in sein Blut niederstürzend.

Zweite Kompagnie verlor sofort den Sekondeleutnant Baron
Lüdinghausen, dann fiel Leutnant v. Alvensleben unter Granatsplitter.
Den schon einmal leichtgestreiften Premier v. Portatius warf Schuß
ins Bein nieder. Der Fähnrich v. Troschke mußte die Führung
übernehmen, doch diese Ehre ward ihm nicht lange zu teil. Drei
Schüsse ins Bein hielten sein jugendliches Ungestüm nicht auf, bis
eine Kugel ihm die Schädeldecke zertrümmerte, ohne glücklicherweise
ins Gehirn zu dringen. Den Ohnmächtigen trafen noch acht
Kugeln und Granatsplitter!

Die vierte Kompagnie ward binnen weniger Minuten führer=
los. Hauptmann Graf zu Rantzau zu Tode getroffen, Leutnant
Arndt sofort durch Stirnschuß getötet. Leutnant v. Zitzewitz blieb
auf der Stelle, dem Leutnant Lehnert ward der Arm durchbohrt.
Feldwebel Grolich sammelte die schwachen Reste. Der heldenmütigen
dritten Kompagnie trug Sergeant Getow das Feldzeichen voran.

Schwerverletzt brach er zusammen, im selben Augenblick fielen
seine zwei Fahnenunteroffiziere Fuhrmann und Weber an seiner Seite.

Unteroffizier Hoppe nahm das heilige Symbol an sich, auch er
fiel; Unteroffizier Wuttke und mehrere andere nach ihm ereilte das
gleiche Los. Da ergriff Grenadier Stall=Johann das Panier und wich
nicht vom Platze, obschon alsbald am Fuß verletzt, sondern legte sich

in der vorderſten Reihe mit ihr nieder. „Schön von Ihnen, daß
Sie der Auszeichnung ſich bewußt ſind, aber es geht nicht —
bringen Sie die Fahne rückwärts nach St. Marie in Sicherheit!"
befahl ihm v. Hagen.

Major v. Görne, ein wahrer Hüne, ritt neben ſeiner achten
Kompagnie auf ſeinem ſchlanken Fuchs, das Fernglas am Auge.

Schon trafen mehrere Schüſſe den armen Gaul, ſo daß der
Major abſtieg und die Zügel in der Hand voranſchritt. Ein Held von
Chlum, ſchien er ſich um den markerſchütternden Donner der fort
und fort grollenden Zwölfpfünder da drüben, um das nimmer
endende Schwirren der pfeifenden Geſchoſſe und ſauſenden Spreng=
ſtücke wenig zu kümmern.

Das Halbbataillon Collas ganz links brach in Halbzügen ab
und legte ohne Stutzen und Schwanken fünfhundert Schritt nörd=
lich der Chauſſee zurück. „Schützen in die Intervalle! Zur Attake
Gewehr rechts! Tambour ſchlagen!" erſcholl der Befehl des Baron
Collas von ſeinem blutenden Pferd herab, als ein gefährlicher
Knieſchuß ihn vom Sattel ſchleuderte. Wohl wiederholte Haupt=
mann v. Lettow den Befehl, doch ſein Roß brach tot unter ihm
zuſammen, und im unaufhörlichen allbetäubenden Getöſe, in dem
man nicht mehr einzelne Geſchoßgarben unterſchied und das zu
einem einzigen ſinnverwirrenden Dröhnen zuſammenkrachte, verſtand
man nicht. Die Kolonne blieb dichtgeſchloſſen, die Schützen
ſchwärmten nicht aus. Ohne das Gewehr herunterzunehmen, mar=
ſchierte das Halbbataillon trotzig vorwärts. Das Niederlegen und
Wegfegen ganzer Reihen hielt den Totenmarſch nicht auf.

„So ſchlagt doch, Tambours, ſchlagt! Es iſt Befehl!" ſchrie
Grenadier Spuhr laut, die Trommler ſchlugen endlich zur Gefechts=
attake. Herunterraſſelten die Flinten, heraus eilten die Schützen, und
mit wütendem Hurrah begann der eigentliche Anlauf. Da ſtarben
vor der Front ihrer Züge die Leutnants Graf Monts, v. Trotha
und v. Funcke und der bürgerliche Leutnant Gregor den Heldentod.

Der Einjährigfreiwillige Lehmann führte fortan die ſechſte Kom=
pagnie, ſein freudiges „Vorwärts!" belebte die unerſchütterte Mann=
ſchaft noch mehr. „Die Fahne ſinkt!" Ja, mit zerbrochener
Stange, aus ihres Trägers blutigen Händen. Dem Unteroffizier
Rupprecht entreißt ſie ein anderer der Fahnenſektion, in der nächſten

Minute vergießt auch er sein Blut. Da war es wieder ein Einjähriger, Gefreiter Rathkens, der das Panier hoch emporhielt.

„Niederwerfen, chargieren!" Endlich hatte das halbvernichtete
Halbbataillon die Gefechtslinie des Leutnants v. Hagen und Feldwebel
Grolich erreicht, ohne bis dahin einen Schuß zu thun. „Na, jetzt
geht's los! Wartet, ihr Henker!" Mit wahrem Ingrimm ward
die erste Geschoßlage den bisher Unsichtbaren da drüben ins Gesicht
geschleudert, wie man so heiß ersehnte, als rechts und links Freunde
und Waffengenossen in ihr Blut fielen. Aber die Käppiträger
waren keine feigen Mordbuben, mutig genug hielten sie dem mörderisch sichern Schnellfeuer der Garden stand.

Halbbataillon Frankenberg zog sich kompagnieweise schon südlich der Chaussee auseinander. Fünfte Kompagnie nistete sich zu
beiden Seiten der Chaussee neben Franzern ein, über deren linken
Flügel, meist Verwundete, die achte hinwegschritt. Vizefeldwebel
Lüders ward zuerst getroffen, dann Leutnants v. Lyncker und
v. Koenen schmerzhaft verwundet, die jedoch entschlossen bei der
Truppe blieben. Auch Portepeefähnrich v. Eichhorn sprang, in die
Brust geschossen, herzhaft wieder auf und vor, doch eine unbarm-
herzige Todeskugel setzte seinem Eifer ein Ziel. Wie aus Erz gegossen stand Hauptmann v. Frankenberg mitten auf der Chaussee
aufrecht und lenkte die Stellungeinnahme der Feuergruppe durch
Degenwink. Dem Major brach sein Fuchs nun zusammen, er selbst
aber blieb kühllächelnd in der Schützenkette stehen.

Nicht fern befand sich ein anderer Held von Königgrätz, der
Fahnenträger Sergeant Gursch, der schon damals das Feldzeichen
mit hohem Stolze schwang, dicht bei ihm Leutnant v. Fallois, der
damals ihn und die Fahne vor Wiener Deutschmeistern rettete.

„Gursch, Sie sind heut wieder des Teufels! Werden Sie
sich wohl niederlegen!" ermahnte ihn Fallois hier, aber Gursch
versetzte kopfschüttelnd: „Nee, ich muß doch den Füsilieren ihre
Fahne zeigen!" Und die Füsiliere erinnerten sich ihrer Thaten bei
Chlum, wo sie das Schwerste vollbracht und wo v. Erckert als ihr
Major am Eingang von Rosberitz zwei Kugeln schmeckte, wie er
heut als Oberst beim Eingang von St. Marie die Todeskugel
empfing. Das ganze zweite Garderegiment aber brauchte nur, um
sich an Chlum zu erinnern, auf seinen einstigen Kommandeur zu

blicken, den jetzigen Divisionär v. Pape, dessen ernste, echtsoldatische
Erscheinung soeben in den ersten Reihen auftauchte.

Der knorrige Altpreuße ritt seine Regimenter ab. Sein derbes,
festes Antlitz zuckte leicht in schmerzlichem Hinblick auf diese gelichteten Scharen, deren glänzendes Vollbild noch just zuvor sein
Lebensstolz gewesen. Denn der richtige Militär, so hart und streng
er im Dienste dem Einzelnen sich zeigen mag, empfindet für seine
Truppe stets ein Vatergefühl und schämt sich nicht, wenn ihm die
hellen Thränen vor den Trümmern seiner Lieben herunterstürzen.

Aber wie die Garde grimmig ihre Wunden verbiß, so überwand
er jede Bewegung und grüßte die verblutenden Scharen mit kurzen,
ermunternden Schlagworten: „So ist's recht, Kinder! Gebt's ihnen!
Wir werden sie schon ausräuchern! Haltet nur aus, bis die Sachsen
da sind! Sie kommen gleich! Dann bringen wir die Kerls schon
auf die Reise!" Er brauchte nicht zu ermuntern, nicht zu er-
mahnen, nicht zu versprechen. Der schlichte Verstand jedes Grena-
diers sagte, daß Rückzug über dies blutgetränkte Gefilde erst recht
der Vernichtung gleichkam. Und weichen nach solchen Opfern?

Die sollten wenigstens nicht nutzlos sein. Mit eiserner preußischer
Strammheit und Zucht, beflügelt von begeisterter Hingebung, lagen

die Garden auf ihren Plätzen, wo auf jeder Spanne Raumes der Tod ihnen finster zur Seite trat.

„Na, Kinder, wer hat denn hier Feuer? Dem Feinde seins ist doch nicht zu gebrauchen!" ging mit gemütlichem Lächeln der Füsilierkommandeur die Schützen entlang, seine durchlöcherte Zigarrentasche schwingend. Herzhaftes Gelächter belohnte den Heldenwitz. Humor, der alte deutsche Bursche, meldete sich als noch nicht tot. „Fünkchen lebt noch!" . . .

. . . Das Gardeschützenbataillon führte seit einer Stunde einen Todeskampf unter ganz ungeheuren Verlusten. Mehr und mehr erlosch das eigene Feuer. „Zwei Patronen verwahren für den Notfall, wenn der Feind attakiert!" ward jedem eingeprägt. Fast alle Offiziere, die Hälfte der Unteroffiziere und allmählich auch die Hälfte der Mannschaft tot und verwundet. Sogar der Assistenzarzt des Bataillons starb den Soldatentod. Besonders sein linker Flügel ward fürchterlich gelichtet, auf kaum fünfhundert Meter vom Eisenbahneinschnitt beschossen. „Die vierte Kompagnie dorthin, Schützenlinie der dritten verlängern," hieß das einfache Kommando, das neue schwere Opfer bedingte. „Jetzt ist der Moment, wo jeder seine Kourage zeigen kann!" eilte der junge Zugführer Diffars seinen Schützen voraus, waffenlos, wie er war, weil an der Hand verletzt und unfähig, die Büchse zu tragen. Durch die Niederung, wo viele Tote liegen blieben, riß sein belebendes Beispiel die Seinen vor, und ob sein Blut aus der Handwunde sich ergoß, er blieb an der Spitze.

„Geht nur drauf wie Gardegrenadiere!" Wo keine Hauptleute, keine Offiziere mehr vorhanden, führten Feldwebel die Kompagnien der Elisabether zum Sturme oder kommandierten laut Entfernungen und Visierstellung. Energisch drängten sie vor. Aber ebenso energisch wies der Feind die Zähne, wies sie ab.

Beim ersten hessischen Leibgarderegiment führten schon einfache Unteroffiziere die Schützenzüge. So der Unteroffizier Deichert, der ein Anreiten von Dragonern glänzend zurückschlug. Wo die Nordspitze des Cussewaldes den Bahndamm berührt, hielt sich das zweite Jägerbataillon mit Bravour. Der Büchsenmachergehilfe Stoffel kniete sogar vorn auf den Schienen selber, um von erhöhtem Standpunkt freieres Schußfeld zu haben. „Suchen Sie doch bessere

Deckung!" rief sein Hauptmann ihm zu. Er aber: „Soll ich treffen, muß ich den Feind sehen!" Hundertfünfundzwanzig Patronen versendete der Mann: wer Büchsen macht, will sie auch probieren!

Bei der zwölften Kompagnie Alexander, die zuerst vorgegangen war und schon dreißig Schritt seitwärts vom Walde Kugeln und Verluste bekam, fielen sofort der Chef, Leutnant v. Schlabrendorff und der Leutnant der Reserve Hallmann. Schon um sechs Uhr dünkte allen Kompagnien der Anblick eines Offiziers eine seltene Erscheinung. Wenige, denen nicht wenigstens Kugeln auf den Rollmantel, die Patronenblechbüchse in der Rocktasche, Feldflasche, Kochgeschirr und Lederzeug abprallten. Glücklich, wem nur aus zersetztem Ärmel das Blut hervorquoll. Wie vielen schoß es aus Brust und Mund! Die überhitzten Gewehre konnten manche nicht mehr halten, warfen deshalb ihren Nebenmännern Patronen zu. Die Überlebenden schossen noch drauf los mitten zwischen Stöhnenden oder reglos für immer Stillen. So ging es fort bis zur Dunkelheit. „Sie fliehen!" rief einer, und am Hügelrand von Amanvillers glaubte man in schattenhaften Umrissen des Feindes regellosen Abzug zu bemerken. Frommer Wahn, Lorencez' Regimenter standen immer noch unerschüttert auf dem gleichen Flecke.

Die Unordnung wurde so groß, als das Feuer im Dunkel schwieg, daß Unteroffizier Steinbrück sich beritten machte und herumtrabte mit lautem Rufen: „Zwölfte Kompagnie Alexander!" So sammelte er fünfzig Mann. Da dachte wohl der Überlebende an die Stunde um vier Uhr nachmittags zurück, als Divisionspfarrer Jordan auf seinem Rappen den Garden eine kurze Standrede hielt und sie dem Schutz des Höchsten empfahl. Vielen hatte sein Segen nichts genützt. War's erst wenige Stunden her? Eine Ewigkeit schien verflossen. —

Die Gardekavallerie, heut früh trüb und still die Bruviller Schlucht hinüberreitend, wo das Verderben am breitesten seinen gähnenden Rachen geöffnet, hatte vor diesem Schreckensbild umsonst der möglichen Zukunft gedacht: heut sah die Reiterei unthätig zu. Tief genug ritt sie zur Deckung der Geschützlinien mit hinein; auf dem Bornstädter Exerzierfeld konnte nicht flotter geritten werden, und was Granaten sind, das kannten sie nun. Darin reglos stehen dünkt vielen schlimmer als mitarbeiten. Herz und Nerven müssen gut sein, um das zu vertragen. Doch der historischen Bravour der Gardehusaren bedurfte es hier nicht. Der Feind schoß zu weit oder zu nahe, um ihren Standort richtig zu treffen.

Mit nur zehn Verwundeten bezahlte die Gardereiterei ihr Zuschauen! Da verlangte der Schlachtengott einen härteren Zoll von der Gardeartillerie: siebzehn Offiziere, davon acht Hauptleute, hundertfünfundachtzig Mann tot und verwundet.

„Dagegen ist Königgrätz ein Vorpostengefecht!" murmelten die Kanoniere. „Wer das nicht mitmacht, kann sich's nicht vorstellen." Von drei Seiten bekamen sie mehrfach Feuer, und der Gegner schoß sich Schlag auf Schlag ein, weshalb sich die irrige Mär verbreitete, jede Entfernung sei durch angestrichene Pfähle oder Steine vorher markiert worden. Mitunter konnte man nicht die Augen aufmachen, weil Erde und Geröll von den aufschlagenden Geschützballen schauderhaft umherspritzte. Es kam vor, daß auf eine Entladung fast die ganze Bedienung eines Geschützes zusammenbrach. Doch was wogen diese Opfer neben denen der brandenburgischen und hannoverschen Batterien vorgestern und der holsteinisch-hessischen heute, die allein die ungeheure Zahl von dreiunddreißig Offizieren, dreihundertvierundachtzig Mann einbüßten!

Als eine feindliche Protze zum Explodieren gebracht, gab es ein lautes Hurrah. Jubelnd rannten Ersatzkanoniere zu ihrem Stück, füllten mal auf mal ihre Schlagröhrentasche, brachten Schlagröhre ins Zündloch und traten mit dem rechten Fuß zum Abfeuern zurück. Die Flammen von St. Privat verkündeten den guten Erfolg, bis die brüllende Umwölkung dünner verwehte, die feindliche Schlachtwolke zerrann und ihr heißes Brennen im Dunkel erlosch, das nun schwarz über den Scharen brütete. Lebt wohl, gefallene Brüder! Vielleicht giebt's einst ein Wiedersehen, eine andere Welt jenseits des Menschheitjammers. — —

„Ich bin auch schon ein bißchen angeschossen," lachte Sergeant Witte dem Einjährig-Gefreiten Dinkelsberg zu. „Na, wollen wir?" Der andere verstand. „Wir wollen!" rief er blitzenden Auges. „Glauben Sie, die andern Kompagnien kommen auch mit?" „Gewiß, sie werden denken, es ist Befehl." „Vorwärts denn!" Grade als sich Witte zum Aufspringen bereit machte, rief ihm ein in der Nähe haltender Bataillonskommandeur der Elisabether zu: „Haben

Sie Spielleute, lassen Sie Avancieren blasen!" Kaum aber setzte
Hornist Müller gehorsam das Horn an den Mund, als eine Kugel
ihn tot niederstreckte. Ein anderer Spielmann richtete sich kaum
auf, als ihm schon das Blut vom Kopfe rann. So ersetzte denn
Zuruf das Signal, und es lief die Reihen entlang von Mund zu
Mund: „Auf! die Linie soll vorgehen!" Rasch, als thäte man
ihnen etwas Extragutes an, stürmten die Leute, des unerträglichen
Stillliegens als Zielscheibe müde, im Laufschritt vor. Der einzige
noch heile Offizier der Gardeschützen wollte mit avancieren, aber
nur drei Stimmen antworteten in der Nähe seinem Zuruf. Vor
Schrecken vergaß er nun doch das Vorgehen. Gleichzeitig fuhr
ihm ein Geschoß durch den Oberarm und wieder heraus.

Die Elisabether schrieen Hurrah. Beide Regimenter gewannen
etwas Boden, zuguterletzt drangen die Grenadiere bis auf hundert
Schritt an den Feind. Salven erdröhnten, zuletzt auf dreißig
Schritt, viele lagen, um nicht mehr aufzustehen. Was aufrecht
blieb, brach unter „Hurrah Preußen" ein. Ein Kapitän senkte den
Degen vor seiner Schar, die als Zeichen der Ergebung das Gewehr
zur Erde kehrte. „Halt, halt!" Nur aus Versehen beschossen,
rissen die Franzosen ihre Flinten wieder hoch und feuerten. Doch
die Dämmerung verbot das Zielen, die Schüsse gingen zu hoch in
die Luft. „Drauf, Jungens, schlagt sie tot!" Kolben holten aus
und mancher Wälsche bekam das Zehrgeld ins Jenseits ausgezahlt.
Aber dort konnte auch mancher Deutsche an fränkischen Stahl sich
erinnern. Mit äußerster Erbitterung rannten sich die Gegner Bajo=
nette und Faschinenmesser in den Leib, nur die Nacht beendete
das Gemetzel. Es mochte halbneun Uhr sein, das Dunkel machte
dem Ringen ein Ende. Amanvillers blieb den Franzosen.

Als Witte den Rest der siebenten Kompagnie Alexander be=
sah, fehlten außer allen Offizieren acht Unteroffiziere, fünfundachtzig
Grenadiere. Über das mit Leichen weit und breit übersäte Schlacht=
feld führte ein Fähnrich die Reste der Gardeschützen. Der blut=
junge Graf Haugwitz kam sich wichtig genug als Bataillons=
kommandeur vor. Die Todeskugel, die ihn heut verschonte, war
schon gegossen, das Schicksal bestimmte sie ihm in wenigen
Monden . . . .

. . „Wenn man die Kerls nur sehen könnte!" murrten die

Franzer. Aber nein, höchstens Käppis lugten über den Abhang
vor. Der Feind focht zähe, seines alten Kriegsruhms würdig und
seines Erfolges bei Mars la Tour eingedenk, in vorzüglicher
Stellung, zuletzt in einem Heckengelände. Dennoch warfen die
Regimenter Franz und Augusta in schräger Richtung mit halblinks
sich immer näher heran, indem meist die Flügelkompagnien die
Linie mit fortrissen. Eine Krisis mußte bald eintreten, das bloße
Ausharren genügt nicht, wenn hinten, so weit das Auge reicht,
kein Rückhalt von frischen Kräften. Links neben ihnen auf dem
Gefechtsfeld der Gardedivision Pape, die von West nach Ost hart
an der Chaussee vorging, bogen ja die Angriffssäulen nach Norden
aus, immer weiter vom Linksrande der Chaussee sich entfernend,
um das Dorf mehr von Norden zu fassen und dem Frontalfeuer
sich zu entziehen. Aber dies Ausweichen entblößte die Linke der
Brigade Berger, und in diesen erweiterten Zwischenraum hätte der
Feind sich mit allen Waffen eindrängen können, wenn er rechtzeitig
genügende Reserven besaß. Doch die fehlten eben, und Canrobert
begnügte sich, von der Höhe seinen Feuerstrom herabrollen zu lassen.

Eine volle Stunde lang ließ er hinter den vorne fechtenden
Truppen Signale blasen, um ihnen Ankunft von Verstärkungen vor-
zuspiegeln. Doch wer nicht kam, das war die französische Garde,
und wer immer näher kam, das war die preußische.

Neue Halbbataillone in bewunderungswürdiger Ordnung sahen
die Franzer um halbsieben Uhr links neben ihnen losgehen, auf
den nordwestlichen Winkel von St. Privat, der gegen Roncourt
aussprang. Mit dem zweiten Garderegiment Fühlung gewinnend,
später ihre Schützenlinien damit vermischend, behaupteten die Franzer
den erkämpften Grund, indes die erste Gardedivision stumm ihre
zerrissenen Linien schloß und, ohne einen Schuß zu thun, hügelan
rückte, bis sie den Dorfsaum unter Feuer nehmen konnte. Als
nun auch das vierte Garderegiment zum Sturme antrat, hatte das
unglaubliche Massenfeuer der Chassepots schon ein volles Drittel
der vorderen drei Garderegimenter zu Boden geworfen.

Hinter der Front, wo eine Schafherde weidete, zappelten
alle diese armen Hämmel verendend am Boden. Ihr jämmerliches
Blöken klang förmlich humoristisch an dieser Schlachtbank, wo zahllose Menschenherden unter ihren Leithammeln zum Metzgen gingen.

Menschen und Hammel, unter Kameraden ganz egal, der Natur
nur eine Düngerfrage! . .

Bei der Höhengruppe des Regiments Königin unter Haupt=
mann Vogel v. Falckenstein war nach der Batterie Prittwitz auch
die leichte Gardebatterie Friderici eingetroffen, bald darauf trabte
auch die schwere Batterie Jsing vor. Sehr zur rechten Zeit. Denn
soeben begann mit furchtbarer Energie Cisseys Gegenstoß.

Oberst Labarthe ließ I 6 in der Mitte zwischen 1. und 57. vor=
brechen, und diese sieben Bataillone stürzten sich mit demselben Elan,
der sie vorgestern an der Bruviller Schlucht ins wildeste Gefecht
trieb, auf die Garden und die drohenden Feuerschlünde. Zur Linken
führte das 73. ligne, immer noch das höllische Vorgebirge des
Cussewaldes behauptend, sein Oberst Supervielle gegen die Gruppe
Falckenstein. Tötlich getroffen, beide Schenkel zerschmettert, ward
der brave alte Mann — ältester Oberst der Armee — vom Schlacht=
feld getragen. Das vereinte Granat= und Gewehrfeuer schlug ver=
nichtend in die Massen. Das 57. vermochte zwar bis zum Fuß
des Jerusalemplateaus durchzudringen, ward aber dann von der
Mitte der Franzer abgeschlagen, wobei Oberstleutnant Mathieu
und Bataillonschef Dupuy de Podio leichter, drei Hauptleute töt=
lich verwundet. Beim 6. lag schon Bataillonschef Salle ver=
wundet, jetzt ward St. Martin, Chef von I 6, der Kopf wegge=
rissen. Es scheiterte am Heckenweg. Dem 1. gelang es, bis in
die Vertiefung vor dem Walde einzudringen, hier aber erlahmten
die Kräfte, Oberst Frimont selber schwerverwundet. Dem General
Golberg selber reißt ein Granatsplitter die Schulter auf, allen
Stäblern Cisseys werden die Pferde erschossen, seine Eskorte aus=
einandergesprengt. Die Todesschreie der Rosse, mit herausquellen=
dem Eingeweide sich abseits schleppend, mischen sich dem wüsten
Geschrei flüchtender Menschen Trümmer von Protzen, Trümmern
der Bataillone. In wildem Strudel, vom Orkan der deutschen
Kanonade aufgewühlt, wälzt Division Cissey sich rückwärts.

Oberst Labarthe mit der ersten Brigade deckte den Rückzug
der Brigade Golberg und folgte ihr zur Waldhöhe von Saulny,
wo Greniers Batterien und der größte Teil der Korpsartillerie
auffuhren und endlich auch zwei Batterien der Armeeartillerie=
reserve erschienen. Warum nur zwei und warum so spät? Das

weiß nur Bazaine. Zwei fernere Batterien, von Leboeuf entsendet, reihten sich an, und sie alle bildeten eine gewaltige Massenauf= stellung mit Front nach Amanvillers=St. Privat. Eine anlangende Gardebatterie ging noch bei Einbruch der Dunkelheit bis Aman= villers vor und bestrich den Bahndamm. Es war schon acht Uhr vorüber, als Cissey entwich, auf dem ganzen Leidensweg bis zum Steinbruch von deutschen Granaten begleitet. Division Levassor= Sorval trat schon vorher den Rückzug an, den zu decken haupt= sächlich Cissey seinen Vorstoß wagte. Ladmirault selbst begab sich für seine Person vor acht Uhr nach Montigny, wo Oberst Saussier sein 41. ligne tambour battant heranführte, fand hier alles im besten Stande und wandte schon in voller Nacht sein Rößlein dem „Toten Baume“ zu, wo er sich mit Leboeuf besprach. Es blieb ihm nichts übrig, als um zehn Uhr dem Grafen Lorencez die Räumung der noch unangetasteten Stellung zu befehlen.

Im Mondschein überschaute er bei Ferme St. Vincent das Abfließen seiner Truppen aufs Plateau von Lorry. Die Batterien Greniers und der Reserve mit der Husarenbrigade blieben bis zuletzt am Steinbruch. Mit I II 33 hielt Oberstleutnant Derroja Montigny bis Mitternacht, zuletzt blieben neunhundert Verwundete als Be= satzung zurück und schlossen sich Pradier um sieben Uhr morgens an, zwei Kompagnien vom 98. als Nachhut.

Cissey verlor siebenundneunzig Offiziere und über achtzehn= hundert Mann, wovon fünfhundert Gefangene, davon das 1. vierund= zwanzig und vierhundertsechzig, das 73. zwanzig und dreihundert Tote und Verwundete. Division Lorencez neunzig Offiziere und über sieb= zehnhundert Mann, wovon Verlust 2. Chasseurs abzuziehen, wie bei Cissey der 20. Chasseurs, die vorher fochten, ebenso des 33. Die drei= hundertvierzig „Disparus“ von Lorencez sind wohl nur als Versprengte aufzufassen. Der gegen die zweite Gardedivision erlittene Blutverlust beträgt somit rund zweitausendfünfhundert Mann. Davon Artillerie Cissey zwei Offiziere, vierunddreißig, Grenier sechs, dreiundvierzig, Loren= cez neununddreißig, Reserve sieben und hundertfünfundzwanzig. Total der Artillerie: fünfzehn Offiziere, zweihundertvierzig Mann. (Ladmirault verlor im Ganzen: zweihundertvierundfünfzig Offiziere, viertausendsechs= hundertachtzig Mann.) Dem gegenüber verlor die zweite Gardedivision hundertvierzig Offiziere, dreitausendsechshundertsiebzig Mann.

Um halbsechs Uhr beobachteten die Stäbe des vierten Garde=

regiments noch ruhig den Artilleriekampf und das Vorgehen kleiner Schützenzüge vor der Front der Geschütze. Hier und da weichend, in verstärkter Zahl zurückkehrend, drangen sie vor, und es schien in der Entfernung, als ob wenige fielen. Doch es schien nur so.

Freilich gingen auch viele Kugeln der zu weit schießenden Franzosen über sie weg und schlugen in die Hintertreffen ein, deren Verluste zunahmen. Und nun erkannte man auch deutlicher aus St. Marie das erschreckende Dünnwerden der Vordertreffen. Man atmete froh auf, als der Befehl einging, zur Unterstützung aufzubrechen.

Das vierte Garderegiment, nach Norden, bog gradewegs gegen die Nordwestecke von St. Privat um, machte ein paar tausend Schritt vor, dann Halt. Unter immer mehr überhandnehmenden Verlusten lag jetzt fast die ganze Division Pape im Halbkreis um das feindliche Bollwerk herum. Massenhaft strömten die Verwundeten der Vordertreffen vorbei. Auch das frische Garderegiment legte sich auf den Boden. Man ließ die Mannschaften, um ihnen doch etwas zu thun zu geben und ihre Stimmung aufrecht zu erhalten, auf Entfernungen feuern, wo das Zündnadelgewehr noch gar nicht wirken konnte. Die Offiziere standen aufrecht oder saßen zu Pferde neben ihnen. Gegen halbsieben Uhr ging es

Bleibtreu, St. Privat. Illustriert.   7

weiter über das freie Feld, deſſen ganze große Fläche ſich in Kugeln
einhüllte, ohne daß irgend ein Feind ſichtbar wurde. Der Kommandeur des vierten Garde, Oberſt v. Neumann, ward ſchwer, der
Kommandeur des erſten, v. Röder, tötlich verwundet. Dem Brigade-
general v. Medem ward die Hand durchſchoſſen.

Granaten kamen ſelten, doch Chaſſepot- und Mitrailleuſen-
kugeln — letztere nur aus der Flanke von Jeruſalem her — über-
ſtreuten das Feld, pauſenlos aufeinanderplatzend. Nicht eine Minute
ließ das Maſſenfeuer nach, jede Minute ſteigerte den Einſatz von
Getroffenen. Manchem zu Boden Geſtürzten gaben zweite, ja
dritte Treffer den Gnadenſtoß oder machten barmherzig ſeinen foltern-
den Todeskrämpfen ein Ende. Die vor Dürre geborſtene Erde
ließ die Bleiſtücke aufprallen, ſo daß ſie ricochettierend noch viele
am Knöchel trafen. „Wer hie unverwundet davonkommt, hat das
große Los gezogen.“ „Es dunkelt — o, wäre die Nacht ſchon
da! Und alles vorüber!“ Wer nur einen kleinen Denkzettel erhielt, blieb in den Gefechtsreihen. Leichtgeſtreifte Pferde, obſchon
zuſammenzuckend, trugen ihre Reiter weiter vor, und dieſe machten
ſich auch nichts daraus, wenn etwa eine Kugel den Meſſingring
des Säbelgurts unſanft in die Haut eindrückte.

Auf dem linken Flügel, wo die Sachſen bei Roncourt den
Gegner einkreiſten und auf immer engeren Raum beſchränkten,
wurde es ſtiller und ruhiger. Südöſtlich von St. Privat hielt
der Feind aber noch völlig die Höhen beſetzt, von denen es ihn
zu vertreiben galt. Das nimmer ruhende Getöſe verſchlang jeden
Zuruf bis auf die ſchrillen Töne der Signalpfeifen. „Achtung,
Kavallerie!“ Man ſah es, ſo ſpät der Pulverdampf die Silhouetten
hervortreten ließ, ohne den Warnungsruf vom linken Flügel zu
hören. Kompagnien des erſten und die vierte des zweiten Garderegiments wieſen du Barails afrikaniſche Jäger unter nicht allzu
großen Verluſten ab, ohne daß der Verſuch ſich erneuerte. Das
zweite Gardeulanenregiment wollte hierbei eingreifen, mußte aber
vor dem immer noch ungeſchwächten Chaſſepothagel eiligſt zurück.

Die von Ladmirault in guter Kameradſchaft hergeſchickten Munitionswagen reichten in der That aus, das Kleingewehrfeuer zu nähren,
dagegen ſtockte die Artilleriearbeit, denn die Protzen leerten ſich
völlig. Und jetzt endlich nahm die preußiſche Gardeartillerie den

Feuerkampf gegen St. Privat selber auf. Es war um die Zeit, wo drei Gardebatterien weiter rechts Division Cissey unter ihre verderbenspeienden Mündungen hielten, wo jener letzte schwere Kampf der dritten Gardebrigade entbrannte, der nicht nur den französischen Angreifern so viel Blut kostete. Die Hauptleute v. Falckenstein und Trotha von Augusta und Graf Keller von Franz, die sich bei den vorherigen Gefechtsphasen besonders hervorgethan, entbehrten jetzt alle drei nicht der ehrenvollen Wunden, die ihre Kameraden zierten. Auch Batteriechef Friderici ward tötlich getroffen.

Unterm Schutz des noch rückwärts verbliebenen einen Halbbataillons Alexandergrenadiere nahm nunmehr die Gardeartillerie den rechten Flügel vor und pflügte das Gelände zwischen Jerusalem und Amanvillers mit Granaten, während die Linke sich zum Zweck ersah, St. Privat selber in Asche zu legen. Aus dem Dach von Jerusalem leckte die Lohe, über dem Dorfe schwebte der „rote Hahn". Und zugleich spielten von Westen her die Sachsenbatterien hinein. Sieben Uhr vorüber, eine unvergeßliche halbe Stunde verstrichen, wo moralische Kraft sich an den unerbittlichen Schranken der Materie zu brechen drohte. Kein Zweifel, hätte Canrobert die Unterstützung Bourbakis erhalten, so zerbrach er die dünnen deutschen Gruppen wie ein loses Bündel von Reisigstecken. Wo war Bourbaki?

Gewiß blieb der Verlust des Verteidigers anfangs sehr gering. Aber die schon vorgestern so hartgeprüften Truppen Canroberts, während alle damals fechtenden deutschen Teile — brandenburgisches, hannoversches Korps, Elfer und im Grunde auch Brigade Rex — heut lediglich in Reserveverhältnis zurücktraten, fingen jetzt an, aufs grausamste unter höchstgesteigerter Geschützbeschießung zu leiden. Auch das Kleingewehrfeuer der Garden auf so nahe Entfernung ließ sich nicht verachten. Gegenüber den Franzern, die weitaus die stärkste Übermacht gegen sich hatten, da Levassor und Hälfte Cissey sich hauptsächlich mit ihnen beschäftigten, leitete Levassor erst allmählich, dann immer schleuniger Rückzug über den Jerusalemer Höhenrücken ein. Der Marschall sah schon um halbsieben Uhr das Räumen seiner Stellung als unvermeidlich an, da Bazaine all seine Hilferufe in den Wind schlug und ziemlich deutlich seine Gleichgültigkeit über den Ausgang der Schlacht bekundete,

da man ja doch nach Metz hineingehen solle! Tief erbittert und
schmerzlich bewegt, tröstete der rüstige Veterane die Seinen.

Sein graues Lockenhaar flog im Winde, seine Augen feuchteten
sich, Zähren durchfurchten sein bleiches Gesicht. „Man ist ja nicht
grade Herr v. Turenne," warf er achselzuckend hin, „doch man
thut seine Pflicht." Roncourt hatte er schon fast ohne Widerstand
fahren lassen. Immer noch ließ er Hornisten im Rücken der
Kämpfenden Signale blasen, um den Anschein zu erwecken, als
käme die Garde an. Doch die Leute merkten zuletzt den Tric
dieser frommen Kriegslist . . .

Das sächsische Leibgrenadierregiment vertrieb Tirailleure Péchots
von Bodenwellen und Senkungen im Felde westlich von Roncourt.
Die in weiterem Abstand nachrückenden Truppen des Generals
v. Craushaar machten auch gegen Montois Front. Das bis dahin
hinhaltende und schwache Gefecht erwachte erst nach sechs Uhr zu
einiger Lebhaftigkeit, um die große Umgehung voll ausreifen zu
lassen und dann gleich mit niederschmetternder Gewalt vorbrechen
zu können. Um halbsieben Uhr wichen langsam die Tirailleur-
linien des Generals Péchot. Dann stießen bereits die sächsischen
Leibgrenadiere mit dem ersten Bataillon Seegenberg dritten Garderegiments und mit der dritten und vierten Kompagnie des ersten
sowie der ersten Gardepionierkompagnie Wittenburg zusammen.

Die Baumallee des Querwegs Roncourt=Montois=Roncourt=
St. Privat in Besitz nehmend, näherten sich diese Garden Roncourt,
auf das gleichzeitig Brigade Craushaar von Westen losging, während
von Norden Prinz Georg von Sachsen die Regimenter hundert=
sechs und =sieben zur Umfassung einsetzte. Canroberts Artillerie be=
fand sich schon im Abzuge, zum Teil kaum mehr gefechtsfähig. Östlich
von St. Privat stellte Tixiers Artilleriekommandeur, Oberstleutnant
Montluisant, seine noch kampfbereiten Batterien auf und bestrich
das Blachfeld zwischen beiden Dörfern und dem Jaumontwald,
das General Péchot zweckmäßig besetzte. Nur Teile seines 10. ligne
und des 91. der Brigade Sonnay bildeten in Roncourt zum Schein
eine Nachhut, die eiligst auf den Wald auswich, gegen welchen
drei sächsische Bataillone ein mäßiges stehendes Feuergefecht er=
öffneten. Prinz Georg v. Sachsen selber durchzog Roncourt mit
dem Schützenregiment Hundertacht, während General v. Craushaar

unmittelbar gegen St. Privat abschwenkte. Es entstand hierdurch
eine Kreuzung der aus Westen und Norden vorgehenden Truppen,
welche mehrfach trennend die taktischen Körper in verschiedene Teile
schied, wodurch auch die sieben nach Roncourt eingedrungenen
Gardekompagnien sich in zwei Gruppen teilten. Nichtsdestoweniger
ward der Umfassungsangriff ohne Zögern und Schwanken unter
allgemeinem Wetteifer fortgesetzt, wobei die Leibgrenadiere teils
in der Mitte zwischen den Regimentern Hunderteins, das sich dem
linken Flügel Papes gegen die Nordwestseite anschloß, und Hundert=
sieben, das östlich des Feldwegs Roncourt=St. Privat von Norden
her angriff, teils in südöstlicher Richtung geteilt vorging.

Montluisants Batterien erhoben ein verzweifeltes Feuer, die
Infanterie schoß aus Leibeskräften; die Sachsen zahlten noch einen
teuren Preis für ihr Einheimsen des Sieges.

. . Die Sonne senkte sich hinab hinter der weiten Walstatt.
Und noch immer mähte emsig der Tod, weithin bis St. Marie=zu=
den=Eichen. Als den Leutnant v. Schulenburg zwei Leichtblessierte
zurücktrugen, ward der eine davon kurz darauf getötet, und als
mit dem andern Schulenburg sich weiterschob, bekam er zu seiner
Hüftwunde noch Zerschmetterung des Handgelenks hinzu. Als
Grenadier Stall=Johann mit drei Kameraden seine Fahne nach
St. Marie bringen wollte, fielen diese drei tot nieder, und
sein verwundeter Fuß versagte endlich den Dienst. Da legte er
das blutbespritzte Feldzeichen zum Felde nieder und sich selbst
darauf, in naiver Inbrunst den Ehrenhort mit seinem Bauernleibe
deckend.

Und Sergeant Gursch, rettete er wie bei Rosberitz seine Ge=
liebte? „Herr Leutnant, die Fahne!" waren seine letzten Worte,
als er tot umsank. Aufrecht hatte er bis dahin dem Kugelschauer
getrotzt: „Kopf in die Höh', Füsiliere! Ob einer fallen soll, daran
ändert niemand was. Aber nur keine Scheu vor denen da drüben!"

Zu Schützenzügen schwanden die Kompagnien, zu Trupps die
Züge hin, zu aufgelösten dünnen Schwärmen die stolzen Bataillone.

Dem General v. Pape brachen zwei Pferde unterm Leib
zusammen, doch immer noch bot er im Gewühl ein Reiterstandbild
unbeugsamer Festigkeit. Solch ein straffer strammer Soldat, streng
gegen sich wie gegen andere, löst doch gewisse menschliche Reize

aus, die man bewundern muß: Pflichttreue bis in den Tod, echtes
Ehrgefühl und mannhafte Todesverachtung.

Ein Gleiches gilt von all diesen Offizieren der Garde,
denen oft sogar ein Mehr, ein schwunghaftes Heldenpathos inne=
wohnte. So dem Leutnant v. Hagen, der auch nach Ausscheiden
des tapfern Schulenburg die Reste der dritten Kompagnie zweiten
Regiments am weitesten vorn gegenüber der Nordwestecke festhielt.

Das war ein warmfühlender, ideal angelegter Mensch, den hoch=
herzige vaterländische Begeisterung beseelte, der seinen Leuten ein=
zuprägen wußte, was auf dem Spiele stand: die Wiederauferstehung
des alten einigen Deutschland. Ein Held im vollsten Sinne des
Wortes, schaute er ermunternd auf seine Leute nieder, indem er
hoch und stolz, auf seinen Degen gestützt, dem Tode ins brüllende
Antlitz sah. Ein Schuß durch den Helm warf ihn einen Augen=
blick zurück — „Herr Leutnant, schonen Sie sich, Sie sind der
letzte unserer Offiziere!" bat ihn Feldwebel Spangenberg. Doch
aufrecht stand Hagen wieder da, als wollte er seinem Namen Ehre
machen, ein trutziger Hagen unter Nibelungen, stand und schaute
auf St. Privat. Schuß in den Fuß! „Nun geht's nicht anders,
aber faullenzen werden wir nicht!" Indem er sich niederlegte,
feuerte er ununterbrochen aus dem Gewehr eines Gefallenen, bis
ein Schuß in die Stirn ihn dem Tode weihte.

Neben ihm feuerte mit ruhiger Sicherheit Feldwebel Spangen=
berg, bis er, die rechte Achselhöhle durchschossen, den Arm nicht
mehr rühren konnte. „Was schert mich die Wunde! Ich ver=
lasse euch nicht!" schob er den verletzten Arm in den Rollmantel
und ließ sich den Degen in die Linke geben. Nicht blieb ihm ver=
gönnt, „seine" Kompagnie zum Siege zu führen, Blutverlust und
Schmerz raubten ihm die Besinnung.

Das leuchtendste edelste Beispiel heldischer Selbstüberwindung,
die unwandelbar nur eins nicht vergißt: die Sache, und das Ich
für nichts erachtet, bot aber wieder ein Einjähriger, der Gefreite
Lehmann. In knieender Stellung aufgerichtet, um ordentlich schießen
zu können, unbekümmert um Streifung seiner linken Hand, wie
zur Warnung, riß ihm eine Kugel den linken Unterarmknochen
entzwei. Das Blut quillt hervor, doch um solche Kleinigkeit ver=
läßt kein guter Gardist die Schlacht. Das verbietet ihm sein Ge=

wiffen. Fafchinenmeffer raus, in den Boden geftoßen als Unter=
lage, da's mit dem Aufrechtfchießen ja nun doch Effig ift und der
linke Arm nicht mehr genügend brauchbar! Da fchlägt's ihm auf
die Bruft — Himmeldonnerwetter! Als ihm Befinnung wieder=
kehrt, fällt fein Auge auf die Fahne zweiten Bataillons. Ganz
nahe liegt fie einfam mit zweimal zerbrochener Stange, um fie
herum nur Leichen. Mühfam kriecht er zu ihr hin. Da zerreißt
eine Kugel ihm das linke Fußgelenk, und das Bewußtfein verließ
ihn. Die Fahne, auf die er fich hingeftreckt, entdeckte ein Unter=
offizier und hob fie auf. Die Fahne und der Lehmann leben in
Ehren weiter. Und obendrein als Wirklicher Geheimer Kriegsrat
und vortragender Rat im Kriegsminifterium — fo was bringt
nur ein Lehmann fertig, denn der Lehmanns giebt's halt viele . . .

„Excellenz läßt dringend um baldigfte, nur irgendmögliche
Unterftützung feitens der Kgl. fächfifchen Truppen bitten, unfre Lage
ift eine bedrängte," meldete ein Gardehufarenleutnant, Ordonnanz=
offizier Papes, dem Kommandeur des fächfifchen Hundertfiebenten.

„Sofort! Was werden wir uns lange bitten laffen!" rief
Oberftleutnant v. Schweinitz und führte, kurz refolviert, ohne höhere
Einwilligung einzuholen, fein erftes und zweites Bataillon — das
dritte ftand weiter nördlich gegen Péchot — unverzüglich gegen
die Nordfeite der feindlichen Vefte. Zur Verteidigung wie ge=
fchaffen, bot das Gelände hier auch noch allerlei Aufenthalt durch
teils kniehohe, teils brufthohe Feldmauern. Unter tofendem Hurrah
ftürmten die Sachfen durch den noch lauter tofenden Kugelfturm.

An der erften Mauer trafen Schweinitz felber fieben tötliche
Kugeln, auch fein Adjutant ward neben ihm erfchoffen. Major Thier=
bach lag fchwerverletzt an der Mauer. Zwei Hauptmänner, zwei
Leutnants ftürzten nach, Major v. Cerrini nicht minder, auch der
Fahnenträger Donner rötete mit feinem Blut den Boden. Noch
einmal bäumte Major Thierbach fich hoch auf und rief: „Vor=
wärts, Kinder!" Mit voller Bravour ward die erfte Mauer ge=
fichert, die zweite erftürmt. Hauptmann Meyer, das erfte Bataillon
führend, fiel alsbald. Hauptmann v. Pape, der von Donner die
Fahne des zweiten Bataillons übernahm, hauchte fein Leben aus,
gleichzeitig fank der Fahnenträger des erften Bataillons. Durch
den Schaft hindurch fchlug die Kugel ihn nieder. Umfonft trugen

Feldwebel Schumann, dann Sekondeleutnant Hahn die Fahne
weiter, sie fielen auf das Rautentuch, das sie rot benäßten. Die
Fahne in der Hand, überstieg Hauptmann Wichmann die zweite
Mauer, doch auch ihn fraß das Ungeheuer Schlacht.

„Folgt mir! Seht eure Fahne!" Bataillonsadjutant v. Götz
legte die Hand an dies unheilvolle Banner, das allen Trägern
Verderben brachte: auch ihm ward das Fahnentuch zum Leichentuch.
Da ergriff Soldat Manig das Ehrenzeichen, und auch sein Blut
troff darauf nieder. Endlich schien der Zauber gebrochen, als Gefreiter Hoffmann die fallende Fahne hoch emporschwang: „Her zu
mir, wer seine Fahne liebt!" Denn, immer an der Spitze, blieb
Hoffmann ungetroffen.

Inzwischen ging auch die Fahne des zweiten Bataillons aus
den Händen des Feldwebels Taßler in die des Soldaten Götze
über, der sie, zerfetzt und selbst am Schaft zersplittert, hoch flattern
ließ. Alle Tapfern der beiden braven Bataillone, nach fünfhundert
Schritt langem Sturmlaufe dreihundert Schritt vom Dorfe atemschöpfend, scharten sich jetzt um diese Fahnen: ihre einzigen Führer!

Jetzt kamen auch acht Kompagnien vom Regiment Hunderteins und vier von den Leibgrenadieren heran und sprangen über
den Mauerabschnitt. Aber die lange durchmessene Strecke zeichnete
sich deutlich genug durch ihre Liegengebliebenen ab, darunter wieder
sechs Kompagnieführer, sowie Oberstleutnant Schumann und Major
v. Brandenstein der Grenadiere und Oberstleutnant v. Kochtitzky
vom Regiment Hunderteins, den sein stürzendes Pferd bedeutend
verletzte. Noch vor ihnen lief das vierte Garderegiment an, das
nicht so nahe wie die andern weiter östlich gelagerten Garderegimenter ans Dorf herangelangte, dafür an der gefährlichsten Stelle
für den Feind, wo die sächsische Umfassung anschloß. Die beiden
ersten Bataillone nahmen mit stürmender Hand die Vordermauern,
doch wiederum unter hartem Verlust an Offizieren, auf welche die
feindlichen Scharfschützen es besonders abgesehen hatten. Oberstleutnant v. Wolffradt, der an Stelle des niedergeschossenen Obersten
trat, und Major v. Krosigk sowie Hauptmann v. Briesen bluteten
aus Todeswunde, sechs Hauptleute zeichneten auch hier den Sieges-
lauf der Garde mit ihrem Blute.

Fünf Kompagnien Leibgrenadiere, unter Oberstleutnant v. Schimpff nordöstlich von St. Privat abgeirrt und mit zwei Kompagnien ersten Garderegiments unter Oberstleutnant v. Oppell waffenbrüder= lich zusammengeschlossen, stießen auf die Linke der Brigade Péchot und das altberühmte 12. ligne der Brigade Daïs, das einen ge= waltigen Vorstoß unternahm. Das 4. ligne und die 9. Chasseurs vereinten damit ihre Anstrengung. Doch sie zerschellten am Granat= hagel, unter dessen erdezerfurchenden Entladungen sich das unglück= liche Fußvolk der Division Lafont immer dichter in den brennen= den Ort zusammendrängte. Die Teile dritten Garderegiments unter Major v. Seegenberg und ein Bataillon Hunderteins sammelten sich auf dieser äußeren Flanke der Angriffslinie und vereitelten alle Versuche des Generals Péchot, dessen Auftreten sich hier Can= roberts besonderen Beifall erwarb, den Sturm auf St. Privat zu stören und zu beunruhigen. Auf vierzehnhundert Schritt schleu= derten die Feuerschlünde Kronprinz Alberts, der jetzt persönlich bei Roncourt hielt, ihre Sprengstücke in dem unseligen Kirchdorf um= her, wo man förmlich über Leichen stolperte.

Als wäre es nicht genug an solcher Kräfteansammlung, um= spannten die letzten deutschen Reserven das Dorf. Die Gardefüsiliere traten aus St. Marie wieder in die Feuerzone ein, die hannoversche Division Kraatz setzte sich von St. Ail aus in Marsch, aus Ron= court nahte das sächsische Schützenregiment, und auch die zweite sächsische Brigade (Umgehungskolonne) trat aus dem Wald von Auboué heraus. Und wo waren Canroberts Reserven? Nirgend= wo! Nur das 100. der Brigade Daïs blieb noch frisch, auf dem Höhenkamm Jerusalem bis zum Dorfe hinein aufgestellt, welches das schon früher in St. Marie gelichtete und seither zurückgehaltene 94. der Brigade Colin besetzt hielt. General Colin selbst verließ verwundet das Schlachtfeld, ebenso der Stabschef General Henry.

Es war halbacht Uhr, als sich die Eisenlawine gegen die zusammenkrachenden Häuser und die emporzischenden Flammen= säulen des ausgebrannten Schlachtkraters heranwälzte. St. Privat am Berge, deine letzte Stunde ist da!

Wohl mußte auf der äußersten linken Flanke der vereint kämpfenden Korps Ladmirault und Canrobert das 33. ligne der Brigade Lorencez, das einst bei Krefeld achtundvierzig Offiziere auf der Walstatt ließ und bei Semenoffskaja in Division Friant volle tausend Mann, das auch

unter seinem Brigadier Goze, jetzt fern im Korps Failly, die Thaten der
Division Bazaine bei Solferino mitmachte, heut müßig feiern. Dafür
stand das 12. ligne, auf der äußersten rechten Flanke von St. Privat schon
seit zwei Uhr aufmarschiert, seit lange im heftigsten Kampfe. Der Marschall
wußte, daß er sich darauf verlassen konnte: war er doch selbst Oberst
der berühmten Truppe in Algier gewesen! Doch es blieb alles umsonst.

Mächtiger wirbeln Staub und Dampf übers blutgetränkte
Gefilde. Krachen vorne — über den Streitern in den Lüften —
erschütternd, als ob die Welt verginge. Aber die Waffen in ner=
vigen Fäusten blitzen im Sonnenlicht, endloses Hurrah durchbraust
die pulvergeschwängerte Luft. Tief in den Boden gedrückt, lagen
die Schützen wie Tote. Über ihnen sangen die Chassepotkugeln
mit seltsam hellem Ton, hoch oben der unheimliche Granatbaß.

Jede Sekunde den Tod vor Augen, wenn so ein Sprengstück
herabschnurrte, lauschten die Todgeweihten dem Aufspielen der
Schlachtmusik. Wo um sie her Staubwölkchen sich aufwühlten, konnte
das nächste Einschlagen sie selbst zerreißen. „Da bekommt jeder einen
Laufpaß für's Jenseits!" dachte sich männiglich und wurde dabei
so ruhig, wie im Leben noch nie. Das Kanonenfieber vergeht,
hat man erst völlig mit dem Leben abgeschlossen, liegt alles da=
hinten, was lieb und teuer, und vorn der ernste schaurige Tod.

Schwer breiteten sich die Wolken des Schlachtendampfs, un=
aufhörlich rollte von hüben und drüben der dumpfe Donner über
die Kämpfer hin. In ungezählten Mengen sandte der Feind seine
verderbenbringenden Eisenboten. Der Schlüssel seiner Stellung
lag noch fest in seiner Hand.

Mancher Umgefallene erwachte aus Ohnmacht, die Augen voll
Pulverruß mühsam aufreißend, und glaubte entsetzt zu träumen.
Doch der furchtbare Donner von tausend Geschützen rief ihm in
nächster Sekunde die noch entsetzlichere Wirklichkeit ins Gedächtnis.
Der schnarrende, durchdringende Ton von Mitrailleusen gellte da=
zwischen wie ein spottendes Memento mori . . .

Mit dem Ernst seiner dunkeln, schlichten, schwarzumränderten
Uniform arbeitete jeder Feldkanonier fort. Das Chassepotfeuer
hatte es auf sie abgesehen, doch die Artillerie hielt fest unterm
zuckenden Qualm ihrer Mündungen, oft nahmen Offiziere selbst
das Richtlot. Ihr Feuer flog gegen den ausspringenden Winkel
des Hügelsporns bei St. Privat.

Die Franzer am Heckenweg suchten meist Deckung hinter Toten, welche sie sich auf die Seite legten. Der Brigadekommandeur General v. Berger kam vorüber, munterte auf. Die sechste Kompagnie riß ihr Chef Graf Ysenburg vor, ward aber sofort getötet. Sich selbst überlassen nach Fall der Führer, richtete jeder sich aufs Sterben ein. „Hier kommt doch keiner mit dem Leben davon."

Zum Hauptmann v. Trotha, Degen in der Linken, weil die Rechte zerschossen, äußerte Grenadier Dollmann vertraulich: „Es müßte Artillerie hier sein." „Hast recht." Und nicht lange währte es, da sprengte der Batteriechef Ising heran, und bald standen seine Geschütze hier nahe am Feinde. Ihre Salven räumten mörderisch auf und lichteten die französischen Reihen, obschon dem tapfern Ising alsbald der rechte Arm zerschmettert herunterhing. Ihrer Wunden nicht achtend, spannten seine braven Kanoniere erschossene Pferde aus. „Uns trefft ihr Vagabunden, aber unsere Geschütze kriegt ihr nicht, so wahr wir von der Garde sind!" ermutigten sie sich selber und jubelten bei gelungenem Schuß: „Da kriegt ihr's wieder, Hallunkenzeug!" . .

Hoch über dem sonnenüberströmten Blachfeld ragte seit Stunden über die Franzer hin das ummauerte Gehöft Jerusalem. Ein heiliger Name bei so unheiligem Thun, doch Golgatha liegt ja neben Jerusalem, und der Menschheit bitterer Leidenskelch soll nie vorübergehen.

Von dort schmetterte das höllische Feuer am heißesten. Es schien förmlich, als ob die immer noch drückende Abendwärme des hitzigen Sommertags noch heißer werde durch diese Feuergüsse. Und nun brannten auch schon die Ortschaften, die immer deutlicher mit ihren Flammen den Weg wiesen, je mehr das Dunkel der Abendschatten sich senkte.

„Füsilierbataillon dort hinauf? Ist's denn die Möglichkeit?" dachte der Fahnenträger Sergeant Guldner. Das war ein ganz besonderer Krieger, ein vielerfahrener Veterane, der schon als Jüngling in der englischen Armee focht. Ottomanische und englisch-chinesische, österreichische Tapferkeitsmedaille und preußisches Militärehrenzeichen auf der breiten Brust — da darf bald das Eiserne Kreuz nicht fehlen. Vorwärts trug er die Fahne, wo Halbbataillon neunte und zwölfte Kompagnie Franzer in Wiesenrain und Acker-

furchen sich hinwarf. Um die Fahne der Füsiliere sammelten sich
alle Leichtverwundeten, von den Gefallenen sammelten sie die
Patronen, wo hageldicht am hartgedörrten Acker aufprallende Blei=
stücke umherwirbeln. Ein so kleines Stück Blei, und doch zerreißt
es tapfere Herzen! Schon stand die Sonne tief, schon kündet vom
Norden her Kanonendonner, daß die sächsischen Kameraden nicht
vergebens auf ihr Kommen harren ließen. Unhemmbar entbrennt
das Gefecht in seinem Höhepunkt. Auch am linken Flügel über=
schreiten die Franzer das blutüberrieselte Feld, wo vordem Brigade
Chanaleilles der Division Levaffor gefeuert.

Da auf dem Fleck vor Guldners Fahne ein dröhnender
Schlag wie von hartem Riesenhammer! Die Fahne wankt unter
einer Spritzwoge von Erdreich und Steinen, der Nebenmann wird
lautlos zermalmt. Doch das heilige Panier, zu dem Guldner
aufschaut, den Staub aus den Augen reibend, läßt immer noch
die Zeugen des Ruhms, die im Kampf erworbenen Ehrenbänder
flattern um die Reste des Tuchs, nur am weißen Schafte klafft
ein Riß. „Hurrah, hurrah!" Die unversehrte Fahne umspielt
ein flüchtiger Abendstrahl wie Ahnung neuen Glanzes — und das
Signal erschallt: „Auf! Marsch marsch!" Mit lautem „Hurrah,
Franzer! God save the king!" stürzt Guldner hinein in den
Feind, mit ihm sein Häuflein von Verwundeten verschiedener Regi=
menter . . und überm nächsten Feldsteinrande vor St. Privat weht
das Feldzeichen! Mit den vorderen Schützen stehen die blutenden
entkräfteten Opfermutigen in des Feindes eroberter Stellung!

Cisseys Schwert ist niedergeschlagen, Levaffor über den Hügel
weggeschwemmt. Jerusalem brennt, brennt wie die Kirche von St.
Privat, aus der sich einzelne Verwundete herausschleppen, bis sie
krachend über der Flammenhölle der wahnsinnig kreischenden Wehr=
losen, lebendig Verbrennenden zusammenbricht.

Sobald die Franzer auf der Jerusalem=Höhe ankamen, eröff=
neten sie ein kolossales Schnellfeuer auf die abziehenden, oft flucht=
artig weichenden Kolonnen der Division Lafont. Sie drangen an
St. Privat heran und gingen jenseits über die Linie der ersten
Gardedivision noch hinaus. „Unsre Kerls sind brillant, das Herz
springt einem vor Freude im Leibe!" riefen die paar überlebenden
Offiziere sich zu.

Beim 70. ligne, das zuletzt zum Gegensturme geführt, blies Bataillonschef Berbegier auf dem Mundstück eines gefallenen Hornisten selbst zur Attake und fand so den Heldentod.

Bei den 9. Chasseurs, die hinter St. Privat auswichen, bluteten elf Offiziere, darunter Kommandant Mathelin. Doch verlor die Mannschaft heut nur hundertsechsundfünfzig Köpfe.

Wohl lag im Dorfe der Kirchplatz schon voll von Toten und schwamm in Blut, doch zerstörende Granaten ins Erdgeschoß der ausgedehnten Gebäude veranlaßten noch keineswegs das Verlassen der oberen Etagen. Ehe die Waffen fielen und an Ergebung gedacht ward, wollten die Büchsen der Verteidiger noch emsig zwischen der ungebetenen Gesellschaft thätig sein, die ihnen so derb auf den Leib rückte. „Das ganze Nest steckt voll Schützen," meldeten die Vordersten zurück, als sie es ausnehmen wollten, wovon vorläufig noch keine Rede sein konnte.

Auch die Gardejäger hatten ihre Schützen weit vorgenommen, um den Punkt zu erreichen, von wo ihre Büchsen ordentlich bis zum Feinde langten. „Dann sind wir ihnen über!" Wenn deutsche Granaten vor ihrer Angriffsfront gegen die Umfassungsmauern aufschlugen, riefen die Waidleute sich zu: „Du, das paßt uns grade! Nu balzt er drüben, und wir können anspringen!" Während also die Franzosen sich vor den Granaten duckten, erreichten die vordersten Jäger die Dorfgrenze, legten ihre Patronen zurecht an stillen Plätzchen, und nun begann die schönste Waidmannsherrlichkeit. Wo eine Gestalt sich hinter den Mauern in halber Brusthöhe hin und her bewegte, also ein berittener Offizier, da ward er so sicher abgeschossen, daß man sein Roß an der Mauerlücke angstvoll und des Reiters ledig vorüberlaufen sah. „Was kann da sein! Nur weiter vor! Wenn die faule Bande trifft, ist's purer Zufall! Wir wollen Treffer auf Kopfscheibe, hast du nicht gesehen! Waidmannsheil!" Und Hurrah! was die Kehlen geben. Schon hoben sich die Umrisse der Kirche im Feuerscheine deutlich ab . .

Die ersten thalaufwärts liegenden Häuser rangen Garden und Sachsen dem zähen Gegner ab. „Tambour, schmeiß's Gewehr weg! Schlag' zur Attake!" Aber der Trommler, mit der Rechten sein Kalbfell bearbeitend, hielt mit der Linken immer noch das aufgegriffene Gewehr, mit dem er vorher Treffer auf Treffer fandte. Mit durchbohrtem Schulterblatt warf sich ein Sachse noch im Sterben über seine Fahne, unter seinem Leichnam zog ein neuer Träger das blutüberströmte Panier hervor. Todesmutig verteilten andere in der Schützenlinie Patronen, wo der Schießbedarf aus= zugehen drohte.

Die immer dünner werdenden Linien des ersten Garderegiments lagen nun wenige Hundert Schritt vor St. Privat, von wo aus Gartenzäunen und hinter Mauern und aus Dächern herab die Kugeln sprühten. Je lauter das französische Feuer, desto stiller das deutsche. Es mußte wohl schwächer werden, da überall auf der ganzen Strecke, wo man beim Niederwerfen gelegen hatte, eine vollständige lange Schützenkette zurückblieb in Reih und Glied, wie sie gefeuert — doch sie feuerten nicht mehr, all diese Toten und Verwundeten! Und ihre Offiziere hatten sie nicht losgelassen: jede Kompagnie hinterließ säuberlich fast alle Führer beim Kern ihrer Mannschaft hinter sich auf der Blutstatt! Also kein Kom= mando mehr! Auch das freudige Hurrah verstummt, als habe das endlose Summen, Knattern, Zischen, Pfeifen und dröhnende Platzen es im Halse erstickt, selbst Gewimmer der Leidenden niedergewürgt.

Erst als die vordersten Häuser brannten und die Franzosen langsam von der äußeren Umfassung wichen, wagte das erste Garderegiment den letzten Anlauf. Füsilier Eyssing der zehnten Kompagnie war der Erste vor der Dorfmauer . . über seine Leiche weg die Unteroffiziere Jeske und Tolkemit die Ersten über der Mauer. Vierundzwanzig Füsiliere mit ihnen stürzten sich in die starrenden Haubajonette und brachen sich Bahn. Das zweite Garderegiment kam noch zuvor. Grenadier Peters von der achten Kompagnie übersprang hier als Erster das Mauerwerk. Vorwärts von Haus zu Haus am Außenrand! Durch Thüren und Fenster hinein! Alles über den Haufen gestochen! Im Erdgeschoß und auf dem Boden gab sich alles gefangen. Die rückwärtigen Ver= teidiger aber warfen nicht die Gewehre fort, sondern trotzten finster dem Blutgericht, das über sie hereinbrach.

Beim vierten Garderegiment rief zuerst Unteroffizier Niemayer: „Hinüber!" und nahm am Ringen um die Vordermauer der ersten Häuserreihe teil, fiel aber, und erst ein nachfolgender Trupp unter Leutnant v. Hellermann befreite eine sich verzweifelt wehrende

Gruppe, in welcher Grenadier Schmitz sich auszeichnete. Unter-offizier Schreiber, als allein übriggebliebener Führer des Schützen-zugs erster Kompagnie, beschoß hierbei seitwärts eine abziehende Kolonne, bis auch ihn ein Schenkelschuß niederriß.

Das sächsische Leibgrenadierregiment und Grenadierregiment König von Preußen Hundert vermischten ihre Reihen mit denen der Garde. Die letzte Tageshelle erlosch völlig im Pulvernebel. Man sah nichts mehr, fühlte nur, ob man getroffen ward, ob man noch heil blieb. Die aus losen Steinen geschichteten Einfriedigungen überstiegen die Stürmer auch an dieser Stelle von Westen her.

„Na, wartet nur, ihr Hunde!" brüllte ein Gardist grimmig, dem das rote Naß über die Wangen tropfte. Auf der versperrten Gasse fand zuerst der sächsische Grenadier Mey einen Hauseingang und lief über den Hausflur vor, von wo er mit andern den Feind im Rücken beschoß. Dann gab es endlosen Straßenkampf ohne Pause. General v. Pape sprengte hinter dem zweiten Garderegi-ment von Südwesten her soeben selber ins Dorf. „Leute, ihr schlagt euch wie die Löwen," rief er den Sachsen zu und drückte dem Leutnant Röderer die Hand, der ein Resthäuflein des Hundert-siebenten in heißem Streite Mann wider Mann bis zur Dorfmitte durchbrachte, Gefreiter Hoffmann mit der Fahne stets anfeuernd an der Spitze. Und mit der Fahne des zweiten Bataillons stand Soldat Götze mitten im Dorfe unter Schutt und Qualm, umher-wirbelnde Kugeln verachtend und allen dunkeln Schlachtengraus. Die Sachsen sind helle.

Fast auf allen Punkten der Dorfeinfassung, in jedem Gehöft stieß man auf erbittertsten Widerstand. Auch die sächsischen Hundert-einer erstritten nur mit saurer Mühe ein offenes Mauerviereck.

An der Nordwestseite mußten fünf Kompagnien vierten Garde-regiments sich gewaltsam den Eintritt erzwingen und sogar zwei-mal den Dorfrand wieder räumen, ehe sie sich bis zur Kirche freie Bahn machten. Allerorten tobte Handgemenge mit Kolben und Bajonett, und auf der kurzen Anlaufstrecke zeichnete reichlich Blut den Siegesstart noch kurz vorm Ziele. Als schon Major Görne in unaufhaltsamem Durchstoßen bis zum Ostrand des Dorfes drang und Major Passow das Gelände zwischen St. Privat und Jeru-salem, wo einzelne umschlossene Baulichkeiten wie kleine Festungen trotzten, vom Feinde reinigte, rangen die Reste dreier französischen Bataillone noch wütend im Innern am Kirchhof, bis endlich die dritte Kompagnie des vierten Regiments und die fünfte unter dem mehrfach verwundeten, aber weiterstürmenden Hauptmann Freiherr v. Esebeck auch dort den letzten Verteidiger überwältigten. Noch manchem brachte hier das schnelle Blei recht rasche Beendung seines irdischen Tagewerks, noch manchen ließ hier der Stahl den Heldentod sterben. Aber nun reichten endlich französische Offiziere den Degen zum Fenster hinaus, und die allseits umstellten abgeschnittenen Besatzungen ergaben sich in ihr Schicksal.

Ihre Arbeit war gethan, der Abzug ihres geschlagenen Marschalls ins Moselthal gesichert.

Durch Pforten und Fenster eindringend, würgten die Stürmer sich von Haus zu Haus. Unaufhörlich schlugen die Kugeln aus den oberen Stockwerken und bis zu Diele und Dachgiebel empor auf die Eindringlinge nieder. Doch drin waren sie und drin wollten sie bleiben, wenn sie anfangs ohne schwere Opfer an Blut und Leben nicht weiter konnten. Mit gezogener Klinge Offiziere oder Feldwebel an der Spitze, gelang's, in raschem Anlauf an die von Granaten zersetzten Hausthore heranzukommen und sie vollends mit kräftigen Schlägen zu zertrümmern. Über zersplitterte Flurtreppen und Korridore zum Oberstock hinanklimmend, schlug man den verrammelten Thüren die Füllungen heraus. Das Schießen hörte von selber auf, die blanke Waffe trat in ihre Rechte. Von Granatspuren durchlöcherte Kleiderschränke bei Seite schleudernd, daß sie krachend umfielen, droschen die derben Fäuste der Garden drein. Dem geschwungenen Kolben in starken Armen erlag der schwächlicher gebaute Feind. Doch auch jede weitere Oberetage der Gehöfte mußte Mann wider Mann erkämpft werden.

„Da oben sind noch mehr! Landsleute, mir nach!" schrieen Racheburstige, wutentbrannt über den Tod so vieler Kameraden.

Als das Tageslicht erlosch, schlugen sie die letzten Verteidiger nieder, die sich verzweifelt zur Wehr setzten, schlugen entwaffneten Offizieren, die noch den Revolver ziehen wollten, ihn unsanft aus der Hand. Nur wenige nahmen die Beine in die Hand, um zu entrinnen, lange noch standen die Franzosen wie die Mauern am Kirchhof. Hier schoß einer einen Offizier förmlich Leib an Leib

durch den Rockkragen, dort stieß ein anderer einem Gardisten das
Bajonett durch den Hals. Leichen bezeichneten die ganze Stellung,
welche sie zuvor inne hatten. Erst als alles verloren, bemächtigte
sich völlige Entkräftung der mutlos gewordenen Scharen.

Jn dem wilden Gewühl kam es vor, daß Deutsche oder
Franzosen ihr Gewehr fallen ließen und lautlos vornüber fielen,
durch ihre eigenen Kameraden unachtsam von hinten erschossen.

„Na warte, Hund, verfluchtiger! Euch soll der Deibel regieren
und fricassieren!" Das Schimpfen giebt Mut in Gefahr. „Runter
da oben vom Hahnenbalken! Tous fusillé!" Sich auf Französisch
verständlich machen, war ein Kinderspiel, denn auch das Wort
Bajonett ist ja französisch, und wo dies den Leuten zu nahe kam,
da klang's „Pardon" entgegen. Wer nicht Fersengeld zahlt, dem
hilft man nach, und auf die Finger giebt's Denkzettel, besser
kann's der beste Dorfschulmeister nicht. Der letzte Offiziersdegen
ward im Zwielicht zum Fenster hinausgereicht.

Bleibtreu, St. Privat. Jlluftriert.   8

Das 93. ligne führte hier den letzten Kampf. Als General Lafont de Villiers einer vorderen Kompagnie, deren Offiziere und Sergent-Major fielen, Abzugsbefehl sandte, wollte die Truppe sich zerstreuen. Doch Sergent Natali warf sich entgegen und drohte, den Ersten, der zu fliehen Miene mache, niederzuschießen. Sein Beispiel wirkte so heilsam, daß die halbvernichtete Kompagnie in ruhigem Schritt, Gewehr auf der Schulter, wie auf dem Exerzierplatz abrückte. Die Reste einer andern Kompagnie sammelte Unterleutnant Coumès in einem Haus am Kirchplatz, das er erst verließ, als es Feuer fing und am Einstürzen war. Dann warf sich Coumès hinter Wagen und feuerte, bis er umzingelt und gefangen. Nur wenige seiner Tapfern lebten noch.

Die von Oberstleutnant Montluisant zusammengebrachten paar Batterien ließen noch ihre Stimme hören, kläglich genug in dem fürchterlichen Gebrüll der deutschen Geschützmassen. Es klang wie schrilles Röcheln eines Ersterbenden, der sich in wurmartigen Windungen hin und her wälzt: so wand sich der Todeskampf des durch und durch erschütterten Canrobertschen Heerteils durch die Waldpässe rückwärts unterm Abschiedsschrei dieser standhaften letzten Batterien . . .

Schon vorher gesellten sich zwei reitende Batterien von Voigts-Rhetz zu jenen hundertachtzig Feuerschlünden der Garde und Sachsen, die St. Privat in Asche verwandelten. Jetzt rückte der kühne Oberst v. d. Goltz, der auch mit dabei sein wollte, mit seiner übrigen Korpsartillerie in den Feuerkreis und zwar zwischen den Batterien Prittwitz und Ifing. Schließlich trabte auch noch Major Körber, der nie von verdientem Lorbeer genug hatte, mit Rheinbabens reitenden Batterien an, Oberstleutnant Schaumann traf mit drei Batterien ein, als ob alle Artilleriegrößen von vorgestern sich hier wieder ein Rendezvous geben müßten.

Unter solchem Wetteifer der Gemeinschaft schoben sich südlich von St. Privat, im Anschluß an die hessischen, hundertvierunddreißig Geschütze (eine Gardebatterie konnte wegen Raummangel nur zwei Stück in Thätigkeit bringen) zu einer einzigen langen Feuerhecke zusammen, die anfangs nur gegen den Steinbruch von Amanvillers und diesen Ort selber sprühte, dann aber auch einem neuen Gegner gleicher Waffe ihre Eisendornen entgegensplitterte. Endlich, endlich nämlich erschien Bourbaki nun doch vor den Steinbrüchen, in breiter Front ausladend, und noch einmal brauste dumpfgrollendes Schlachtgewitter durch die Finsternis.

Die seit vorgestern berühmten Batterien Berendt und Richard des Obersten Goltz wollten wieder ein bißchen Mars la Tour-Arbeit verrichten und rangen sich mit rühmlichem Eifer aus dem allgemeinen Geschützbogen heraus bis auf eine östlichere Höhe durch, um den Feind bei Amanvillers näher zu fassen. Wiederholte Vorstöße französischer Tirailleure vom 54. ligne wiesen sie kräftig ab und schossen Amanvillers völlig in Brand. Da nun auch fünf sächsische Batterien und vier der Division Kraatz nordöstlich St. Privat ihre Thätigkeit begannen, so standen jetzt im Ganzen zweihundertsechsundfünfzig deutsche Geschütze auf diesem Heeresflügel vereint, von denen sich, da alle übrigen aus Raummangel und anderen Gründen die Vorwärtsschwenkung nicht mitmachten, hundertachtundachtzig in Arbeit befanden. Rechnet man die Zentrumslinie hinzu, so spieen also dreihundertsechs Feuerschlünde um diese letzte Stunde auf das Plateau von Amanvillers bis zum Saulny-Holz!

„Melde gehorsamst Gardefüsiliere zur Stelle," stellte sich Major v. Schmeling dem General v. Pape im Dorfe vor, „der Feind tritt südöstlich wieder mit Artillerie auf, Major Feldmann will dorthin angreifen." „Das untersage ich aufs Bestimmteste," fuhr Pape dazwischen, „ein Wiedereroberungsversuch scheint gar nicht ausgeschlossen, der Feind muß ja noch Reserven haben und ich selbst muß solche zur Hand haben, um für jede Eventualität gewappnet zu bleiben. Das Regiment wird bei Jerusalem angehalten." Als der Major sich verbeugte, zuckte er auf und sank sofort tot aus dem Sattel: von verirrter Kugel genau ins Herz getroffen. So sucht der Tod sich wahllos Opfer. Und schon lief die Kunde um, daß General v. Craushaar, die sächsischen Stürmer am Dorfe ordnend, tot niedergestreckt.

. . . „Na, Gustav Adolf, du alter Reservist mit zwei Feldzügen und zwei Manövern, wie wär's denn, wenn du vorangingst!" ermahnte sich der Soldat Gustav Adolf Albrecht vom sächsischen Hundertsechsten bei Roncourt. Das nach dieser Richtung abgezweigte dritte Bataillon vom Hundertsiebenten erschien noch nicht, sollte erst vorkommen. Das Hundertsechste sah im Vorbeimarsche, ohne Mündungsdeckel und Visierkappen abzunehmen, das schwere Arbeiten der Garde gegen St. Privat. Tapfer wie die Sachsen sind, empfanden sie's unwillig, daß sie nicht ebenso im Getümmel standen. Roncourt hatten die wenigen Franzosen fast ohne Widerstand geräumt, jetzt aber am Westrand des Jaumont= waldes und hinterm Straßendamm nach Pierrevillers setzte sich Brigade Péchot mit dem Mut der Verzweiflung, den Abzug Can= roberts von St. Privat zu decken. Der Sturmangriff des ersten sächsischen Bataillons ward verlustreich abgeschlagen, auch Shrapnel= bestreuung seitens Prinz Georgs Batterien schadete den Wald= verteidigern nichts, das Regiment kam nicht vorwärts. Oberst v. Abendroth schwer, Major v. d. Decken leichter verwundet. Da sprang Albrecht der vierten Kompagnie vor, das Gewehr in die Höhe schwingend: „Kameraden, mir nach!" Ohne zu wissen, ob die Andern nachkämen, rannte er gegen den Straßendamm, doch viele kamen mit und warfen sich in den Straßengraben.

„Die Kerle halten ja nicht mehr stand — ich geh' ihnen nach!" rief der beherzte Reservist, und im Laufschritt ward der Wald erreicht. Mancher Franzose mußte hier dran glauben, doch auch manchen Sächser raffte tückische Kugel aus buschigem Hinterhalt weg. Es mochte acht Uhr vorüber sein, als der Waldkampf in tiefem Dunkel zu Ende ging. Die am Waldrand Abgeschnittenen bekamen die Geschichte satt und ergaben sich.

Das sächsische Armeekorps verlor über zweitausendzweihundert Köpfe, wovon hundertsechs Offiziere. Bei der Artillerie Oberstleutnant Watzdorf und vier andere Offiziere verwundet, Verlust nur zweiunddreißig Mann. Die zweite Brigade kam gar nicht ins Feuer, das Schützenregiment der ersten und Regiment Prinz Georg Hundertsechs der vierten verloren auf= fallend wenig. Dagegen litt Regiment Preußen erheblich, auch die Leib= grenadiere, am meisten verlor Hundertsieben, das nur mit zwei Bataillonen bei St. Privat vierundzwanzig Offiziere, vierhundertdreißig Mann liegen ließ. Doch was wollten diese Opfer sagen gegenüber dem Riesenverlust der Division Pape: hunderteinundsechzig Offiziere, viertausend= einhundertsiebenundsiebzig Mann! Davon Brigade Kessel am meisten, da das vierte Regiment nur über fünfhundert Mann verlor.

Bei den drei andern — Füsilierregiment litt nur bei St. Marie — hielt sich der Verlust ziemlich die Wage, das zweite mit neunund= dreißig Offizieren tausendsechsundsiebzig Mann stand etwas obenan.

Regiment Elisabeth verlor nur wenig, rund vierhundertfünfzig Köpfe, so viel wie das eine arme Bataillon Gardeschützen. Da noch sicher ein

Viertel vom Verlust der Alexandergrenadiere dem Halbbataillon Seeckt zuzuschreiben ist, so verloren fünfeinhalb Bataillone der Brigade Knappe gegen drei Regimenter Lorencez' etwa fünfzehnhundert Mann, achtzig Offiziere, während letztere rund tausend Tote und Verwundete — excl. Vermißte — verloren. Ciffeys Verlust betrug zwölfhundert Tote und Verwundete, während die gegen ihn fechtenden sechsundzwanzig Garde- kompagnien etwa tausend Tote und Verwundete mehr verloren. Die Franzer allein achtunddreißig Offiziere, tausendzwanzig Mann. Auch kommt ein großer Teil Verlust der Gardeartillerie aufs Konto Ciffeys.

Andrerseits darf man nicht vergessen, daß auch der größte Teil der Division Levassor, jedenfalls Brigade Gibon, gegen die Franzer focht. Letztere verlor über fünfhundert Mann mit neunzehn Offizieren. Brigade Chanaleilles kam heut nicht so gut davon wie bei Rezonville: Das 70. büßte allein neunzehn Offiziere und zweihundertachtzehn Tote und Ver- wundete ein, wozu noch ebensoviel Gefangene kamen, grade das 28. litt außerordentlich: fünfundzwanzig Offiziere, sechshundertsechzig Mann, wo- von jedoch genau die Hälfte bloß Versprengte. Brigade Sonnay der Divi- sion Lafont, die westlich St. Privat focht, hatte minimale Einbuße: nur zweihundert! Brigade Colin hingegen, die in St. Privat standhielt, büßte fast tausend Mann ein. Am stärksten blutete Tixier, nur sein 100. stritt und litt blutwenig. Dagegen ließ das 12. siebenhundert Mann, sechsundzwanzig Offiziere auf dem Platz, der stärkste Verlust des ganzen Tages. Auch das 10. verlor vierundzwanzig Offiziere, über vier- hundert Tote und Verwundete, das 4. dreizehn und fünfhundertfünfzig, die Artillerie hundert. Der Gesamtverlust des Korps betrug hundert- dreiundneunzig Offiziere, rund viertausendneunhundert Mann.

Nur vier seiner Batterien stellte Bourbaki unter Bedeckung der Gardezuaven südlich von Marengo auf, links von Montluisants Batterien. Drei andere hing er hinter Ladmiraults Geschütz- ansammlung am Steinbruch an. Am Ostrand von St. Privat schoß sich noch Brigade Diringshofen nach acht Uhr mit den Zuaven herum, eine halbe Stunde später zog Bourbaki ab. Zwanzig Minuten vor neun fiel der letzte Kanonenschuß.

Bis zuletzt setzte es Einzelkämpfe in St. Privat beim Abfangen der letzten Verteidiger, die sich wie Männer wehrten. Zurück sollten und wollten sie nicht. Noch kam ein letzter Franzos hinter der Kirche hervor, den langte sich noch ein deutscher Schuß. Sich hier und da Spielraum schaffend, liefen Abgeschnittene durch enge Seitengassen davon, einzeln im Gänsemarsch, der hier die Form des rasendsten Laufschritts annahm. Doch wenige entkamen.

Den von Bränden hell erleuchteten Halbkreis von St. Privat übergoß ein fliegender Feuerstrom wie eiserne flüssige Lava. Mit

wilder Emsigkeit arbeiteten die Kanoniere der Kaisergarde, die
außergewöhnliche Heftigkeit ihrer Geschoßverschwendung erschöpfte
so bald den Granatvorrat, daß zuletzt nur noch Shrapnels über
das Blutfeld rieselten.

„Die haben wir jetzt sicher!" Als der Feind so völlig weg-
getrieben, stach den Erfolgberauschten die Geschützmasse bei Marengo
lockend in die Nase. Einzelne deutsche Haufen brachen aus dem
Dorf noch gegen den Steinbruch vor, um sich in wildem Satz auf
frische Beute zu stürzen und auch dort den Besiegten herauszu-
schlagen, wozu persönlicher Wagemut der Mannschaften den Anstoß
gab. Doch schon knatterte es bedenklich in der Flanke.

„Seid ihr Franzosen?" rief harmlose Naivetät unkenntliche
Massen an, die schattenhaft heranwogten und jetzt sofort im Dunkel
Schnellfeuer gaben, dann in kurzem verzweifeltem Handgemenge
rauften. Die Gardezuaven, als Geschützbedeckung am Steinbruch,
jagten die Vorprallenden rasch in die Flammen nach dem Dorf
zurück, die Signalhörner des Gegenstoßes erschallten, dessen Spitze
wieder zwischen die Vordergehöfte eindrang. Die Zuaven nahmen
aber wohlweislich von Weiterem Abstand. Eine Heidenwirtschaft
entstand da drüben, als die Clairons Bourbakis aufs neue zum
Angriff mahnten, von der Höhenkrone regnete es blaue Bohnen
hinterdrein, Pulverdampf verdunkelte noch mehr die dunkle Luft,
der preußischen Trommeln Rasseln überdröhnte ein wilder Kanonendonner. Doch Ohren zu! nicht hören aufs feindliche Knattern,
und Mund auf: Hurrah! — das ist preußische Art. Immer noch
rührten ihre Tambours die Trommeln und führten die Schlegel
auf der ganzen Linie der Deutschen von St. Privat bis Amanvillers, bis der Feind bergan wich und völlig im Dunkel verschwand.

„Arg angekratzt haben sie uns, die Wildkatzen! Doch wir
haben ihnen eins auf den Pelz gebrannt, daß sie fauchend den
Schwanz einkniffen!" lachten Gardejäger sich zu. Und Gefangene
genug trieben flinke Gardehusaren mit der flachen Klinge zur Eile
an, aus dem Getümmel heraus sie rückwärts geleitend: „Allons,
messieurs, dépêchez-vous!" Auch was am Jaumontwalde steckte,
war groß im Herauspürschen von Versprengten. Nichts geht über
erprobte Turner: wer in nassen sumpfigen Bachschluchten aus-
glitschte, meldete sich ganz munter zurück. Biwakfeuer trocknet die

feuchten Kleider, und vielleicht gießt später ein eiserner Orden erst
recht Wärme durch die Glieder, die Hundekälte einer Lothringer
Sommernacht vertreibend. Nur was da immer noch liegen blieb
auf ödem kaltem Feld, dem löst kein warmer Hauch mehr die für
ewig erstarrten Leiber. Und was auf Händen und Füßen heim=
kroch, das wünschte sich wohl eine wirkliche Winternacht, wo sich
die Wunden von selber schließen in starrer Kälte und das Blut
beim Ausströmen gefriert.

Nicht mehr forderten Trommeln und Trompeten zum Lauf=
schritt auf, der Mann gegen Mann geführte ergrimmte Kampf er=
losch. Auf das für Frankreich verlorene Feld, über das die deutschen
Garden Sturm liefen, streuten nur noch die französischen Garden
ihre Kugeln. Wild schrieen unter diesem Eisenbaldachin die armen
Verwundeten auf, die in zahllosen Mengen in jeder Ackerfurche
sich krümmten. Brave Leute, die bis zuletzt beim sterbenden Führer
aushielten und deutsche Treue besiegelten, flehten jetzt selber um=
sonst um Hilfe in Todespein. Wo sollten die Arme wachsen, um
diese Division der Verwundeten vom Boden aufzuheben!

Ringsum standen die Dörfer in Brand, auch der Gasthof
Marengo fing an zu glühen, die rote Glut verbreitete sich durch
die stockschwarze Nacht. Das Schießen dauerte fort, so lang die
französischen Garden noch flammenbeleuchtete Massen zu erkennen
glaubten.

Von Laufen und Anstrengung bis auf den letzten Faden durch=
näßt, in Schweiß gebadet und schwer Atem holend, konnten die
Erschöpften sich jetzt von eisiger Lothringer Nacht durchfrieren lassen.
In weiter Ferne strahlten die Lichter von Metz und rings die
brennenden Gehöfte von Rozerieulles bis Roncourt.

Wo in St. Privat Pflüge, Kisten, Wagenstücke zu Verhau
gehäuft und die deutsche Faust bald der Geschichte ein Ende machte,
gab's nur Blut und Jammer. Rot tropfte es von den Wänden.
Wo früher Dampf französischer Feuerschlünde aufstieg und von der
Flanke es herkam mit Hurrahgebrüll, daß die Wälschen einen Graus
bekamen und in Bestürzung davonliefen, ihren eiligst abrasselnden
Geschützen nach, wo umgekehrt Tirailleure, in Vertiefungen nieder=
gedrückt, die deutschen rastlos arbeitenden Batterien bestrichen, daß
es ihnen naheging und übel davon ward, da lagen jetzt Offiziere

und Unteroffiziere genug vor der Front, um nie mehr aufzustehen.
Der Mannschaft in kaltblütiger Ruhe ein Vorbild, durchmaßen sie
den Wiesengrund längs spärlichen strauchbewachsenen Knicks vor
den feuerspeienden Dörfern und ermunterten scherzhaft: „Da drin
wollen wir unsern Nachtimbiß nehmen! Wem's Abkochen lieb
ist, nur drauf!" Ach, für sie kam bald das Ende vom Liede.

In einem Feuer, daß einem Hören und Sehen verging, kom=
mandierten die Gardeoffiziere: „Tritt gefaßt!" Doch unterm Sprüh=
regen weitausgreifender Shrapnels und Chassepotgeschosse ward es
unmöglich, die Truppe in gedrängter strammer Geschlossenheit zu
halten. Um sich dem weiten Kreis der Bestreuung knapper zu
entziehen, drängten sich zwar die Haufen unwillkürlich aneinander,
doch bei so ungünstiger Bodengestaltung vermehrte dies nur den
Verlust, während das verspätete Ausschwärmen der Halbbataillone
in Schützenzüge erst eintrat, nachdem jede innere Ordnung durch
massenhaftes Fallen gesprengt, und daher nur verwirrt und regellos
erfolgte. So ward das Feld von St. Privat ein Grab der alten
preußischen Infanterietaktik.

Da gingen viele Tambours, mit ununterbrochenem Trommel=
wirbel die Wankenden ermunternd, wie durch ein Wunder heil
durch alle Kugeln hindurch und schlugen in kriegerischer Begeisterung
auf ihr Kalbfell los, bis der Feind in die Flucht geschlagen: die
moralische Kraft des deutschen Soldaten, nicht seine Führung,
ermöglichte den endlichen Erfolg, das Ertragen unerhörter Wunden
bis ins innerste Mark der Truppenkörper, das Aufrechtbleiben, wo
jede andere Truppe zerbrochen wäre. — —

Das Franzregiment formierte sich beim Sammeln nur zu
sechs Kompagnien. Vom dritten Garderegiment sammelten sich
um halbneun Uhr elfhundert Mann, Füsiliere und zweites Bataillon
zu je zwei Kompagnien formiert. Ein Halbbataillon sechste und
siebente Kompagnie verlor allein sieben Offiziere, einen Feldwebel,
zweihundertvierundfünfzig Mann. Das erste Bataillon zweiten
Garderegiments führten Fähnrich v. Krosigk und der selbst schon
angeschossene Feldwebel Krupinski zum letzten Sturm.

In der Finsternis verloren Offiziere jeden Zusammenhang
mit ihrem Truppenteil, dessen Namen sie umherirrend laut riefen,
wo ein schwarzer Haufe biwakierend und meist schon vor Erschöpfung

eingeschlafen am Boden kauerte. Feuer durfte man nicht an=
machen, die französischen Feldwachen standen kaum achthundert
Schritt entfernt. „Nein." „Wißt ihr, wo mein Bataillon ist?"
„Nein." Vorsichtig tappten die Pferde im Schritt zwischen den
stöhnenden Blessierten hindurch, schreckhaft schauernd, wenn vor
den Hufen der Angstschrei: „Wasser, Wasser!" „Tragt mich fort!"
„De l'eau! Pour l'amour de dieu!" grell auftönte.

Langsam und bedächtig trotteten die versprengten Gruppen
der führerlosen Garderegimenter dahin, als das Signal „Gewehr in
Ruh" nacheinander von Ost nach West, von West nach Ost, er=
tönte. Es klang wie ein befreiender Seufzer der Erlösung. Kein
Spielmann blies, kein Degenträger sammelte, wo sich die Häuflein
wieder zu Haufen zusammenfanden. Alles schwieg wie auf einem
Kirchhof, als wolle man nicht die Toten stören.

Der sterbende Leutnant v. Hagen verlangte im Fieberwahn
fortwährend nach seinem Degen, ohne den er nicht sterben könne.
Verscheidend küßte er ihn und drückte ihn ans Herz mit erstarrender
Hand, das Sinnbild ritterlicher Ehre.

Als wäre das Ganze keines Aufhebens wert, als wäre der
ganz unerwartete und ungeahnte Sieg nur selbstverständlich ge=
kommen, diktierte der Imperator Friedrich Karl bei flammendem
Heuschober seine neuen Befehle, die auf volle Absperrung von
Metz hinzielten. Doch für dies Halali mußten über zwanzigtausend
Deutsche verendet und waidwund die Walstatt decken.

Wo der Höhenweg in tiefes Waldthal hinabstieg und umge=
worfene Wagen das Defilee verstopften, wälzte sich die geschlagene
Rechte der Rheinarmee ins Metzer Lager. Die Linke räumte erst
allmählich bei Tagesanbruch die Höhen. Nichts regte sich während
der Entscheidungsschlacht im Hauptquartier des selbstherrlichen Dik=
tators. Die Abteilungschefs gingen am Fort Plappeville spazieren,
als ginge die Affaire sie gar nichts an. Den unbequemen Stabs=
chef Jarras schickte Bazaine nach Metz, um dortige Quartiere und
Positionen zu besichtigen, Oberst Lewal mußte das „große Avan=
cement" ausarbeiten. Der von Canrobert entsandte Artillerie=
hauptmann Chalus erhielt auf alle Hilferufe die großartige Ver=
stärkung von vier ganzen Munitionskarren.

Als die Kettenbrücke von Novéant unter dem Marschtritt der
Brandenburger rasselte, dachte niemand daran, daß hier an der
Mosel der Würfel des Schicksals fallen werde, sondern jeder sah
im Geiste die Ufer der Maas als künftiges Schlachtfeld gegen die
Rheinarmee. Wahrlich, hier galt der Vers, den einst der große
Napoleon in ähnlicher Lage zitierte: „J'ai toujours reconnu,
qu'en chaque evénément le destin des états dépendait d'un
moment" . . .

„Ach, Landsmann, nimm deinen Säbel heraus und mach'
mich ganz tot, ich bitte dich so sehr darum," röchelte ein Grenadier
im Ausbruch grausamster Schmerzen einem Stabsoffizier zu, der
über die Walstatt ritt. Wiederholt übermannte die Ärzte das
Grausen über dies unermeßliche Elend. Sie bebten, in Thränen
zitternd, vor diesen Unglücklichen, die sich wie Schlangen hin und
her wanden, sich rasend aufbäumten und erst nach namenloser
Qual erlöst den Tod fanden. So etwas brennt im Herzen. Auf
dem weiten Umkreis der deutschen Linien in ihrer vollen Aus=
dehnung lag Leiche an Leiche: nicht ein Fleck Erde, den nicht der
Tod in Besitz nahm.

Wo ein Verlorengeglaubter wieder bei den Seinen eintraf,
nur wenige Worte der Freude, dann wieder lautlose, dumpfe
Stille. Furchtbarer als das laute Schlachtgewühl fiel dies Schweigen
im Banne des Todes auf die Seele. Manchen beugte der stille
Ritt durch diese Nacht der Schrecken nieder, der furchtlos vor
seiner Schar im Schlachtorkan einherzog.

Gefangene Franzosen sanken neben ihren Wächtern und mit
ihnen in totenähnlichen Schlaf, auf der Stelle, wo sie gefangen.

Im Zeltlager hinter St. Privat, in wilder Hast verlassen, sah
es erbärmlich aus. So häuslich eingerichtet, als ob sie nie hier oben
verjagt werden könnten, fanden Canroberts Soldaten nicht mal
Zeit, ihre Vorräte auszuräumen. Datteln, Sardinen, Confitüren,
Maccaroni, Zucker, Essenzen, illustrierte Broschüren über den Rhein,
Päckchen von Zigarettenpapier lagen umher. Als die Deutschen
diese Habseligkeiten untersuchten, versorgte sich jeder mit Schätzen
nach Belieben, zog feine Pariser Stiefel oder weiße Baumwoll=
handschuhe an, sogar Kriegsmünzen aus dem Feldzug im fernen
Mexiko probierte man gutlaunig anzulegen.

Das Verhängnis geht seinen Gang und bricht unversehens herein, ob wir bei guter oder schlechter Laune sind. Und die Rheinarmee wanderte hinter die Wälle von Metz, um sie nie mehr zu verlassen.

Stille Nacht, heilige Nacht . . Finsternis deckt die Schrecken zu, begräbt der Schlacht höllische Flammen. Dem letzten, entscheidenden Ringen sah vorher mitleidlos die Sonne zu. In dem allüberschattenden Pulverrauch ertranken da alle Formen und Gestalten. Nur das Züngeln der Schüsse zerriß den Vorhang.

Hinter dem prasselnden Feuerherd des niederbrennenden Bergdorfs zündeten der Feuerschlünde zahllose Mündungen reihenweise zuckende Lichter an, wie Kerzen eines Höllenreichs. Ihre grellen Blitze zerrissen wetterleuchtend das Dunkel, bis der in Schatten gebadete Horizont selber in Flammen zu stehen schien und wie eine einzige lange Feuerschlucht sich entlangzog, aus deren Schlünden eine Hölle emporschoß.

Und über dem allem stand blutrote Abendglut am Firmament. Ist's der Planet, der uns am nächsten flimmert, der rote Mars? Heut sind wir Marsbewohner!

Übersichtskarte
zu
Bleibtreu, St. Privat

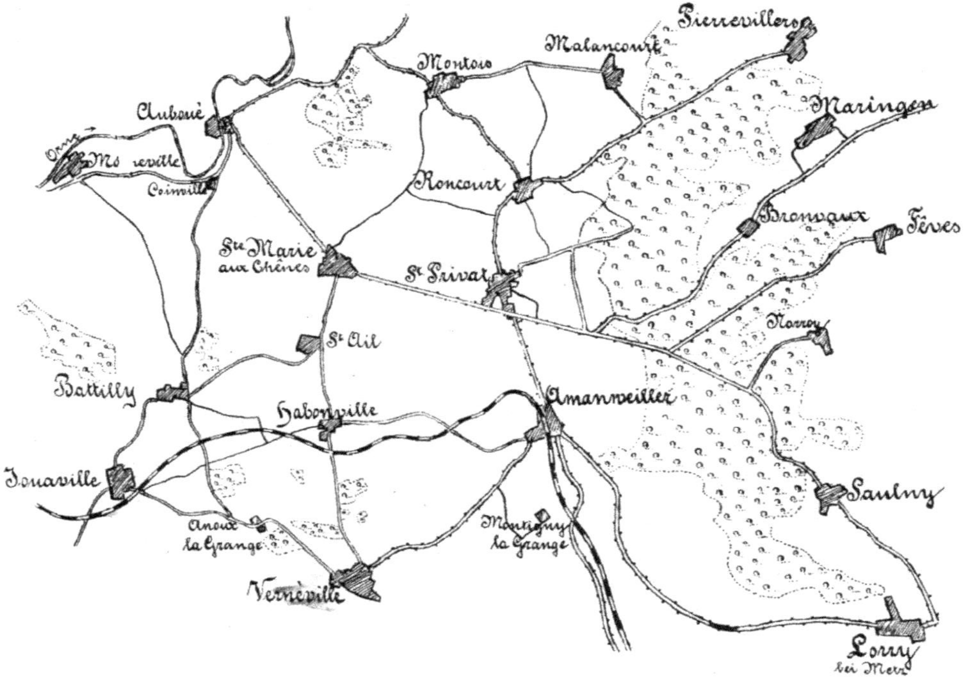
Pierrevillers
Malancourt
Montois
Auboué
Orne
Ms reville
Coinville
Maringen
Roncourt
Bronvaux
Fèves
Ste Marie
aux Chênes
St Privat
St Ail
Norroy
Battilly
Amanweiller
Habonville
Jouaville
Saulny
Anoux
la Grange
Montigny
la Grange
Vernéville
Lorry
bei Metz

Die Schlachtfelder um Metz

www.ingramcontent.com/pod-product-compliance
Lightning Source LLC
Chambersburg PA
CBHW030808100426
42814CB00002B/47